纪有奎 ◎ 编著

周易问答与精华

九州出版社 全国百佳图书出版单位

图书在版编目(CIP)数据

周易问答与精华／纪有奎编著. -- 北京：九州出版社，2025.3. -- ISBN 978-7-5225-3603-3

Ⅰ．B221.5

中国国家版本馆CIP数据核字第2025GT1720号

周易问答与精华

作　　者	纪有奎　编著
责任编辑	王文湛
出版发行	九州出版社
地　　址	北京市西城区阜外大街甲35号(100037)
发行电话	(010)68992190/3/5/6
网　　址	www.jiuzhoupress.com
印　　刷	北京旺都印务有限公司
开　　本	710毫米×1000毫米　16开
印　　张	19
字　　数	235千字
版　　次	2025年3月第1版
印　　次	2025年3月第1次印刷
书　　号	ISBN 978-7-5225-3603-3
定　　价	56.00元

★版权所有　　侵权必究★

再版前言

李希胜

本书作者曾让我参与整理初稿。初版第一次印刷，全国发行两年便售罄。经多方面呼吁再次印刷。今再版，作者又增加些内容，想与初版篇章合并。我认为不妥，因初版已获得读者肯定，不要再变动。再增补的内容虽然有部分重复，但又深入扩展补充，可另立篇章，即本书第六篇。

初版为何获得读者厚爱而畅销？可能因为《周易》是中华文化的源头，被列为群经之首，是一部哲学智慧书，使读者阅读时能吸取正能量，趋吉避凶。它阐述大千世界发生的事物以及如何去应对，涉及面广泛，是《周易》海洋，海纳百川。本书是百川，这百川折射出哲学、史学、文学、数学、伦理、中医、军事、商企、天文、地理、堪舆、民俗、生死、宗教、预测等领域以及国内外有关报道。适合读者面广泛，各取所需，甚至第十四问答夫妻如何生男或生女的秘诀，这是深挖《周易》的奥妙。

《周易》影响并吸引历朝历代去研发，仅从侧面举一例：百度文库中有《〈红楼梦〉与〈周易〉》一文，其开篇先引著名红学专家周汝昌在其书《梦解红楼》中所论：

"《红楼梦》共 108 回，共 108 位女子，即正副钗 9 层，每层 12 人；整个《红楼梦》以每 9 回为一段，共为 12 段，这种数理须推源到我们的古《易》学。《易》是由阴阳构成的，数字也有阴阳之分，即奇数为阳，偶数为阴。故在《易》中阳爻以"九"为计爻之辞，阴爻以"六"为计爻之数。六的两倍（叠坤卦）即是"十二"。所以在我们中华文化上，九是阳数之极（九月九为重阳节），十二为阴数之最（太阳历的月份是十二）。将这两个代表数字相乘得出来 108！"

　　从此看出名著《红楼梦》是用了易学最基本的数字布局框架。

　　该文认为："这两部书的内容包罗万象。《周易》内容十分丰富，涉及的范围很广，它上论天文，下讲地理，中谈人事，从自然科学到社会科学，从社会生产到社会生活，从帝王将相如何治国到老百姓如何处世做人等等，都有详细的论述，《孙子兵法》中随处也都有《周易》的影子。《红楼梦》涉及吃住行、风俗、人文等很多内容，博大精深，浩如瀚海，为研究当时社会的百科全书。"

　　以上所论好像为本书做广告，也可窥视为何本书能畅销。

　　上述两部书对后世影响巨大，构成独立的派别学问——把研究《红楼梦》称为红学，把研究《周易》称为易学。本书作者是著名易学家，是我的老师，近年出版著作：《周易演义》《周易演义续集》及本书。去年又出版《周易与人生》，该书中说《周易》是人生数据库、人生说明书。作者写这些书，有的是新时代解读《周易》，古为今用，与时俱进，例如以"乾为天"象征国家领空，以"坤为地"象征国家领土，因此找到用九爻位、用六爻位分别是太空、北极；又深挖《周易》内涵，悟出末二卦是生死轮回、因果报应，等等，与众不同。

　　作者现九旬余，仍发挥余热继续努力写作，我协助他著书立说，收益良多。本书初版的前言、序言、正文等基本未变。我把其中遗误改正，希望书中精彩解答，可以帮助读者学习《周易》。作者又增补新的内容，使本书百川更加丰满，流向《周易》海洋，望读者在《周易》海洋里畅游。

2025 年 1 月于北京

再版序言

纪有奎

近代科学家研究量子信息说："量子纠缠"，两个量子无论距离远近，都能纠缠在一起。笔者认为，能纠缠必须具有影响力、吸引力、对方有感应，《周易》便如此具备。从古至今纠缠了众多读者、研究者，为其著书立说之多，"汗牛充栋"。

汉代把《周易》提高到顶层，列为群经之首。从此历代科举考试列为重要科目之一。中国古代有不知《易》不可为将相之说。《周易》还纠缠到国外，十七世纪德国著名数学家莱布尼茨，受《周易》阴阳爻的启发，创立"0与1"的二进制数学。日本明治维新组阁规定，不知《易》者不得入阁。清代《四库全书》记载《周易》"易道广大，无所不包"，其领域涉及社会科学和自然科学。例如在文学领域，周汝昌是研究名著《红楼梦》的"红学泰斗"，在其著作《梦解红楼》，论述了《红楼梦》与《易》学的关联性（详见本书再版说明）。易学家殷旵著作《西游取〈易经〉》，论述用《西游记》讲《易经》，用《易经》讲《西游记》。

本书也能与读者纠缠，出版两年便售罄，使笔者有始料未及之荣幸。

趁再版之际增补些内容，其中有被人们忽略的领域，也有小部分重复，但又深入扩展补充如下所示概要。

例如乾坤二卦的重要性，不仅是《周易》的门户、是前门，还呼应出末二卦是后门、是生死轮回因果报应，前呼后应。人生从前门进来，终了从后门、从既未二卦出去。《未济·上九》曰："有孚于饮酒，无咎。"这是把逝者生前喜欢的酒陪葬在逝者身旁，在阴间继续用，其后也有大量的实例，在坟墓里殉葬逝者生前喜爱的物品，继续使用，形成民俗文化，如兵马俑、马王堆，等等。

《泰·六五》曰："帝乙归妹，以祉元吉。"这"帝乙归妹"即古代统治者用和亲换和平，影响深远。如汉代有昭君出塞，唐代文成公主远嫁吐蕃等。

《周易》作者在乾坤二卦特意加第"七"爻，又在需卦和既济卦里，强调丢失物品"勿逐，'七'日得"。在复卦说"反复其道，'七'日来复"。这些"七"推演到后代形成"七日历法""七日节律""七字文化"，等等。这是《周易》的引领及其预测的准确性。

《周易》术语"当位"和"时"与"位"等，是重要概念，能刻画人生的轨迹。

《周易》充满忧患意识，强调要居安思危来趋吉避凶，为人处世要谦虚，要有诚信。对"斋"字易学论述结论是，读《周易》能洁净心灵。

还有一些成语出自《周易》。例如"龙马精神"，出自乾坤二卦。买"东西"出于后天八卦图及其五行属性：上南为火，下北为水，左东为木，右西为金。人们提篮去买"东西"，是买木器、金属器具。没人说买"南北"（水火）。从中又引出尊"东"（旭日东升），成语说"房东""股东""东家"；没人说"房西""股西""西家"。又因左为东，又引出尊"左"、左为大。民俗排座位时左为大，尚左。好像《周易》就在我们的生活中，所以《易传》说《周易》"百姓日用而不知"。《周易》这个群经之首，不仅仅博大精深，同时它的伟大还在于，三千年之后还能指导我们今天的处世为人，还在我们的日常生活中。

以上是增补篇的简要提纲，详见增补的第六篇。因笔者年迈，在写作时，由弟子纪风策、李希胜和董恩江协助。博学多才的李希胜，写的四个问答嵌入增补篇。董恩江对初版和再版稿件审核校对。再版改在九州出版社出版，该社责任编辑王文湛先生，将初版和增补篇精心统一编排。在此一并表示感谢。

2025 年 1 月于北京怡园

初版前言

董恩江

　　本书的作者是我的老师，因他年迈近九旬，我帮他整理稿件并录成本书电子版。前些年他出版新时代解读《周易》的《周易演义》及其姊妹篇《周易演义续集》，获得好评，传播到台湾地区，引起台胞的共鸣。台湾大元书局用繁体字在台湾再版，畅销港澳台。这些已出版的书是作者给我们讲课的手稿整理而成书，是系统性地讲《周易》，还选用了多种不同的《周易》解读内容，百花齐放。若再渗透到《易》学其他领域，形成《周易》海洋，本书是这海洋里激起的浪花。

　　作者在讲课时留些互动时间，让学生提问题，作者解答，或互相讨论，形成了本书。因此本书不是系统讲《周易》，而是就一些孤立的问题进行解答。牵涉面广泛，含有社会科学和自然科学，以及民俗文化。读本书即博览群书，开阔视野，雅俗共赏，各取所需。

　　雅的方面，有古代孔子、朱熹、苏轼等解读《周易》，有近代、当代一些易学名人以及后起之秀解读《周易》，是"阳春白雪"。

　　俗的方面，例如作者讲老子说的"道生一，一生二，二生三，三生万物"时拿出实物一双筷子，说是太极。这一双筷子的"一"，是"道生一"。分开为两根筷子为"一生二"，这"二"是阴和阳，阴阳互根互补，缺一不可，"阳无阴不立，阴无阳不生"。作者持两根筷子夹起讲桌上小物品为"二生三"，夹起万种食物称"三生万物"。筷子一头圆，另一头方，称为天圆地方。圆的一头入口称"民以食为天"。这是入口，出口是厕所。作者说早年法国巴黎公厕男厕标牌是"艾菲尔铁塔"，女厕标牌是"凯旋门"。若中国男厕所标牌用一横杠阳爻（—），女厕所标牌用一横中间开口阴爻（--），比巴黎公厕标牌更简明，更形象，更幽默。但必须要普及《周易》，否则，"周易盲"去厕所误入禁区，会被认为是流氓。这是"下里巴人"，也选入本书，以通俗易懂的小事趣谈来理解大道理。

本书还有些创新的解读。例如《周易》不忘初心，牢记使命。首二卦乾坤是天地，讲天道和地道，还讲人道。例如坤卦《文言》说"积善之家，必有余庆；积不善之家，必有余殃"，这是初心。末二卦既济与未济，既济是人生已经过河到达彼岸终点；又转世到未济卦去过河，是生死轮回善恶报应因果律，是初心的使命，首尾呼应。《周易》没宣传宗教，却朴素地信仰"天"，大有卦上九爻辞"自天佑之"。我们班里有位基督徒在讨论问题时说，《周易》尊重或预测到"七日节律"，在复卦、震卦和既济卦的卦爻辞中都有"七日"，《圣经》记载上帝用六天造世界，第七日休息，世界各国都遵守一周"七日"，星期日休息。另外，《周易》还特意安排最重要的首二卦为门户，乾坤卦各"七"爻，与"七日"相呼应，其余卦都是六爻。这是学生解读，作者同意选入，说这也是"《周易》猜想"。作者对八卦象征父母生育三男三女一家八口人，由此悟出如何能生男或生女的规律性，揭露出隐藏的秘诀，并得到验证。

已选好《周易》课堂上的问答，作者查看说"自己的都是砖"，应抛砖引"玉"。作者删除自己一些问答，又选录他人优秀作品作为问答，是"玉"，是精华，本书书名即由此而来。以问答解读《周易》领悟精华。本书有作者的，有选录他人的，文笔风格各异，我未做统一修改，尊重原样。以《周易》问答形式出书，罕见，也是创新，书中对问题的解答，有不同的观点，甚至是对立面，是百家讲坛。作者宽宏大度，海纳百川，总认为他人解读比自己强，让我向所有被选录的书的作者致敬致谢，主观是共同宣扬祖先留下的《周易》哲理和智慧，客观起到了将选录的优秀书籍的内容推荐给读者阅读的作用。本书实质是汇编与专著的结合。作者自幼年起随父亲学习《周易》，伴随《周易》风风雨雨八十余年，八十五岁还被邀请到台湾地区讲《周易》。《北京文学》杨晓升社长邀他写稿，题目是"我是怎样迷恋国学《周易》的"，2019 年 8 月刊登，作为本书附录收入。我才疏学浅，整理稿件又匆忙做成电子版，难免有误，诚恳请广大读者指正，以便再版改正，致谢！

（附：老师让我向与本书有关联的、协助老师在国内外宣扬《周易》文化的、我的师兄弟妹谢炎楚、许传高、杨荣、浦建康、张晓宇、盖殿文、葛亚卿、潘贞宇、徐荭、纪仁孚等致谢。）

2020 年 1 月于北京

初版序言

纪有奎

"《周易》猜想"是这样引起的。1742年德国数学家哥德巴赫提出一道数学难题,译成白话是,一个大于6的偶数总可以分解为两个素数(质数)之和。该题验证是正确的,也很容易,笔者早年著作《趣味程序设计100例》第30题便是。但用理论去证明并不简单,吸引世界一些数学家去猜想、去证明。唯有中国科学院数学家陈景润(下称陈)在此领域世界领先,几乎仅差一步即可攀登到顶峰,摘掉数学皇冠上这颗明珠。笔者在协助数学家华罗庚工作时,认识同龄人陈,并有往来。文学家徐迟获知此信息,便让笔者约陈与他见面谈报导陈,标题是"哥德巴赫猜想"。见面时相互交谈,陈同意。徐还要去拜访陈取资料。徐见笔者书架上《周易》书籍琳琅满目,徐又好奇地谈起《周易》,从古至今有众多人以不同视角多元化解读《周易》,猜想原始《周易》的本义。笔者请徐也写一篇文章报导"《周易》猜想",徐问主角是谁,笔者说介绍几位易学专家,让徐去采访,徐十分同意。徐妙笔生辉写的《哥德巴赫猜想》刊登在1978年1月《人民文学》。之后多种刊物转载,广播电台播放,在国内外传播,引发轰动效果，世界闻名，哥德巴赫、陈和徐扬名天下，誉满全球，徐获得全国优秀报告文学奖。很不幸，徐迟自我结束生命，没能写"《周易》猜想"。但是，仍有许多人继续解读《周易》，著书立说去猜想《周易》原义，试图摘下华夏文化皇冠上这颗明珠。没有文字时，《周易》是用阴阳爻符号组成抽象的"卦"表达事物，是符号系统；当有了文字时，添加上古文，是文字系统。古文极简练，又无标点符号断句，这一切，使其难读难懂，成为天书，充满先天的神秘性、抽象性和模糊不确定性，给后人阅读时留下了丰富的想象余地和广阔的思维空间，这是《周易》基因造成的。历代易界学者，解读《周易》众说纷纭，有些问题至今争论不休。好像《周易》只竖立起框架，让后人充实内容；又好像考试题留的填空，却无标准答案；更像寓言"盲人摸象"。然而大都遵循孔子《易传》树立的标杆往上攀登，不会超越；或者沿着《易传》铺好的轨道向前行，不会越轨。《易传》好像是一张大网，凡是钻进去，个人的发挥都在网内。难怪有的读者说有些解读《周易》的书大同小异、雷同。有很多与当代生活不贴近，这令人深思，是否可以根据时代的需要，深层次挖掘《周易》的隐义来解读？笔者进行尝试：新时代解读《周易》，古为今用，突破《易传》的束缚创新，出版了《周易演义》及其姊妹篇《周易演义续集》。把乾坤首二卦解读为象征国家领空领土，从中找到了乾坤第七爻的位置，分别是世界各国共用的太空和北极，这恰好符合爻辞：要和平利用，即用九爻辞"见群龙无首，吉"，用六爻辞"利用贞"。又解读既济、未济末二卦。既济的"既"是已经，"济"是过河，既济卦是已经过河，渡过人生的长河到达彼岸，人生终点；然而还要转世到未济卦去过河。著名格言有："善有善报，恶有恶报，不是不报，时候未到……"这"未"到就是未济卦，以往种下的"因"，在未济卦得到"果"，善恶报应因果律，即《易传》

所说"积善之家，必有余庆；积不善之家，必有余殃"。这是《周易》道德观，做人要有敬畏感。一个良好的社会，必须要有道德来支撑，既要以法治国，又要以德治国。法律约束人的行为，道德约束人的心，心动才去行动。末二卦深层次给人类敲响道德警钟，立德树人，具有现实意义。该书传到台湾地区时，引起台胞的共鸣，台湾大元书局用繁体字在台湾再版，畅销港澳台。

宋代著名学者朱熹提出"《易》只是个空底事物"的说法，认为其可以代入一切事物。当代著名哲学家冯友兰在1984年，给武汉举行的首届中国《周易》学术讨论会发去"代祝词"说："《周易》本身并不讲具体的天地万物，而是讲一些空套子，但是任何东西都可以套进去。"他在另一篇文章说："《周易》是宇宙代数学。"另一位易界名人说："《周易》是个筐，什么东西都可以装。"笔者理解这"套""代""装"是依据时代的需要，更要依据《周易》卦的深层的隐喻或内蕴去猜想，孙悟空不是从石头缝里蹦出来的。也有人说《周易》有些卦爻辞没有具体所指，不知到底说些什么，用些比喻让人去猜想，因此后人可以拿《周易》说事。孔子五十岁读《易经》，拿《易经》说事，创造性地写出《易传》，给《易经》作注释，使《易经》由占筮层次升华到阴阳辩证的哲学层次。又一说《易经》加《易传》为《周易》，但二者不严格区分，《周易》即《易经》，因为原始便称《周易》古经。《易传》影响深远，多个朝代经传不分，合二为一，后来又分开，一分为二，甚至有的学者不附上《周易》仅解读《易传》出书立说。孔子拿《易经》说事，而许多人读《周易》拿《易传》说事，人云亦云。历代的易学著述，可以说汗牛充栋，浩如烟海，仅《四库》著录就有三百九十部，二千三百七十一卷，近代、当代更多，令人望洋兴叹曰"《周易》猜想"。问题是《易传》是否猜想到《易经》的本义呢？现代大学者郭沫若面对众多解读《易经》的书籍说："让《易经》自己来讲《易经》，揭去后人所加的一切神秘的衣裳，我们可以看出那是怎样一个原始人在作裸体跳舞。"言外之意，那些书并未猜想到《易经》原义，仍需努力，这提出新课题，需要和易学者商榷，如果说两千多年前孔子《易传》是1.0版，是否可以期待《易传》2.0版的诞生？因为《易传》是孔子解读《周易》所走的道路，并没有让别人无路可走而只能走他的路。正如科学界遇到了新问题，期待爱因斯坦相对论2.0版出现一样。《周易》的"易"就是变易，变易就是变化、发展，目的是更新、出新和创新，避免僵化，激发《周易》生命力。《易传》有句名言"日新之谓盛德"。

　　《周易》不是一部讲知识的书，否则早被抛弃。因为知识性的书几十年，甚至几年就不适用了。例如：十年以前修理电脑的知识、技术现已过时了。《周易》是讲智慧、讲哲理的书，要与时俱进。它能穿越时空，流传至今。近代又传播到世界，国外的易学者也参与"《周易》猜想"（本书中有）。《周易》由于其文字内容难读难懂，使很多想读这部书的人望而生畏，需要普及。也出现了许多普及与提高的书，每位学者都用自己的观点去"《周易》猜想"，我们不要过于纠结谁是最正确的猜想者，都是《周易》百花园里的园丁，培育《周易》付出心血，笔者在此向所有著书立说的易学同行们致敬。笔者自幼学习《周易》，但现在每次看《周易》及其名家作品时，都感觉很新颖，学《周易》无止境，活到老，学到老。笔者给学生们讲《周易》时发现，有些学生喜欢听古代的占筮，有些学生喜欢听《周易》的故事，这样不乏味不枯燥，也能从中解读《周易》，还有些学生喜欢听《周易》涉及的多学科领域，知识面广，博览群书。笔者讲课时留出些时间互动，让学生提问题，笔者解答；或互相讨论时学生来解答，形成《周易》问答。笔者解答的是"砖"（抛砖引玉），还选用他人作品的解答是"玉"，是精华。因此，本书名《周易问答与精华》。通过问答解读《周易》相关卦爻，吸取精华。本书问答内容广泛，涉及哲学、史学、数学、文学、伦理、中医、军事、商企、堪舆、民俗、宗教、预测等领域。当然，都是"《周易》猜想"。世界没有一部书像《周易》这样，吸引古今中外众多人来解读来猜想其原义，这是徐迟想报道的世界难题！本书拥抱"《周易》猜想"，因为猜想是解读《周易》的敲门砖。书中猜想的若不准确或有误，敬请广大读者指正，再版改正。

2020 年 1 月于北京

目　录

第一篇

一问：《周易》的写作年代和作者 …………………………………（003）

二问：请展示先后天八卦及其形成六爻重卦 ………………………（004）

三问："周易"二字如何解读？ ………………………………………（006）

四问：孔子解读《周易》写《易传》受盛赞有局限性吗？ ………（008）

五问：乾坤二卦为什么有众多解读？ ………………………………（011）

六问：新时代解读《周易》能把乾坤解读为国家及其领空领土吗？
…………………………………………………………………………（013）

七问：为《周易》立下规矩的是哪两个卦？ ………………………（017）

八问：为什么说末二卦是生死轮回因果律？ ………………………（018）

九问：何谓象数派和义理派？其历代如何？ ………………………（028）

十问：为什么《周易》有千百种解读？ ……………………………（032）

十一问：从六十四卦排序中能发现什么？ …………………………（034）

十二问：有多元素贯穿《周易》，其中之一是"变"字吗？ ………（036）

第二篇

十三问：传统说法先阴后阳，为何乾卦为首？ …………………… (041)

十四问：一问乾坤父母用什么方法生育三男三女六个子女，再问夫妻如何生男或生女 ………………………………………… (043)

十五问：《周易》有宗教信仰吗？ ………………………………… (046)

十六问：《周易》隐含宇宙生成的过程吗？ ……………………… (049)

十七问：我国男女性别比例失调，《周易》想说什么？ ………… (053)

十八问：为什么是买东西不是买南北？商人名称的由来是怎样的？
……………………………………………………………………… (054)

十九问：若普及《周易》，公厕的标识能比巴黎公厕标识更简明吗？
……………………………………………………………………… (055)

二十问：为什么《周易》明夷卦有多种解读？ ………………… (057)

二十一问：为什么泰卦和否卦的卦象违背宇宙自然现象？ …… (060)

二十二问：孔子读《易经》写《易传》是否也有误解之处？ …… (061)

二十三问：你知道大文豪苏轼如何解读《周易》吗？ ………… (065)

二十四问：宋代朱熹对《周易》有哪些独特的解读？ ………… (073)

二十五问：当代南怀瑾曾批评易学大家朱熹的错误吗？ ……… (077)

二十六问：对《易经》《易传》公认的作者，有全盘否定的吗？
……………………………………………………………………… (079)

二十七问：郭沫若说《易经》非周文王所著，其论又被谁推翻？
……………………………………………………………………… (082)

二十八问：《周易》如何描述少男少女两性行为？ …………… (086)

二十九问：你读《周易》知道红颜祸水吗？ …………………… (090)

三十问：是乾卦指导范蠡或他的行动与乾卦吻合吗？ …………（097）

第三篇

三十一问：科学易的兴起是历史的必然吗？ ………………（107）

三十二问：你知道《周易》涉及哪些学科吗？ ……………（110）

三十三问：《周易》与数学有关联吗？ ……………………（112）

三十四问：易卦符号可联想到多学科，其中有生物遗传密码吗？
　　　　　…………………………………………………（117）

三十五问：《周易》在国内有相当的影响吗？ ……………（119）

三十六问：《周易》在国外也有影响吗？ …………………（122）

三十七问：易学应该与西方科学相结合吗？ ………………（126）

三十八问：《周易》论坛有外宾参加吗？《周易》是东西方文化的
　　　　　纽带接口吗？ …………………………………（128）

三十九问：日本国多个年号是用《周易》起的名字吗？ …（133）

第四篇

四十问：你知道起卦容易解卦难吗？ ………………………（137）

四十一问：《周易》推理的基本方法是什么？ ……………（140）

四十二问：推理过程取象比类有哪些基本规则？ …………（144）

四十三问：怎样理解解筮无定法要灵活？ …………………（148）

四十四问：请举出用象来解卦爻辞罕见的例子 ……………（151）

四十五问：用象解读能灵活到什么程度？ …………………（153）

四十六问：为什么说唐朝黄贺是占筮高手？ ………………（154）

四十七问：历史上有神奇占断吗？ …………………………（157）

四十八问：有用既济卦解梦的吗？ ………………………………（161）

四十九问：你知道未济卦另外的故事吗？ …………………………（164）

五十问：关于射覆，你能想到会有这样离奇的故事吗？ …………（167）

五十一问：你知道《周易》出现哪些历史故事吗？ ………………（171）

第五篇

五十二问：《周易》智慧能用在军事兵法上吗？ …………………（177）

五十三问：若把乾卦用在企业经营上，该如何描述？ ……………（180）

五十四问：能从《周易》看到与中医有关联吗？ …………………（182）

五十五问：《伤寒论》与《周易》的循环观相吻合吗？ …………（186）

五十六问：宋代易学大师朱熹还提倡风水吗？ ……………………（190）

五十七问：《周易》与五行有关联吗？ ……………………………（195）

五十八问：你知道唐宋元明清灭亡与《周易》有关联吗？ ………（197）

第六篇

五十九问：量子纠缠，《周易》也纠缠吗？ ………………………（201）

六十问：称呼"东家"与《周易》有关联吗？ ……………………（204）

六十一问：成语"龙马精神"出自《周易》吗？ …………………（206）

六十二问：如何用《周易》解释孔子去鲁适卫和第二次
周游列国没成？ ……………………………………………（208）

六十三问：《周易》有为逝者埋葬礼物的说法吗？ ………………（210）

六十四问：是《周易》阻碍中国科学发展吗？ ……………………（212）

六十五问：你知道什么是"当位"？有何影响？ …………………（216）

六十六问：《周易》时与位以及卦位与卦象有何意义？ …………（219）

六十七问：《周易》如何阐述求同存异？………………（223）

六十八问：为什么《周易》拥有忧患意识？……………（230）

六十九问：再问乾坤二卦的重要性 ………………………（234）

七十问：乾卦的卦爻辞应该怎么理解？…………………（240）

七十一问：坤卦卦爻辞对人生有什么警示？……………（242）

七十二问：易分象数义理，在这个问题中，如何区分？…（244）

七十三问：为什么为人谦逊要引用谦卦？………………（246）

七十四问：《周易》怎样教导守诚信？……………………（248）

七十五问：易学如何解释"斋"字？………………………（253）

七十六问：你知道《周易》的"帝乙归妹"有何影响吗？………（254）

七十七问：为什么《周易》特意提出数字"七"？有何影响？……（258）

附录

　我是怎样迷恋国学《周易》的 …………………………（261）

引用文献目录 ………………………………………………（278）

第一篇

一问：《周易》的写作年代和作者

答：《周易》古经简称《易经》，通常二者不严格区分，《周易》即是《易经》。据《汉书·艺文志》说，其作者和年代是"人更三圣，世历三古"，即上古伏羲、中古文王、近古孔子，历经三千多年。《周易》是中国祖先集体智慧的结晶，是中国也是世界上写作时间最长的书，是中国也是世界上最古老而又奥妙的一本书。它是中国古代几乎包罗万象的百科全书，阐述宇宙间天地万事万物发生发展及其变化规律，以及人们如何去应对，充满智慧和哲理，是指导人生的宝书，被列为群经之首、大道之源，是中华文化的源头，是国学之根。

《周易》广大悉备，无所不包，既有天道规律、地道法则，也有人道准则，大则容纳世界，小则洞察幽微，内容之多、之深，令人叹为观止，社会、人生都可以从中汲取所需的精华。它已渗透到中国人生活的方方面面，深刻影响了中华民族的思维方式、为人道德、生活作风和风俗习惯，影响到世界，不仅对中国，而且对世界文化做出了巨大贡献。

二问：请展示先后天八卦及其形成六爻重卦

答：先天八卦和后天八卦，都是由三个阴阳爻排列组合构成，其所在方位不同，但都是用来表达象征事物及其属性、特征和其他内涵等，如下所示。

1. 先天八卦，传说是伏羲氏用的，与河图关联。

2. 后天八卦，传说是周文王用的，又称文王八卦，与洛书关联。本书以此为主。其五行属性是：震、巽属木；离属火；坤、艮属土；兑、乾属金；坎属水。例如可象征父母亲有三男三女一家八口人，等等。

先天八卦图（伏羲氏）

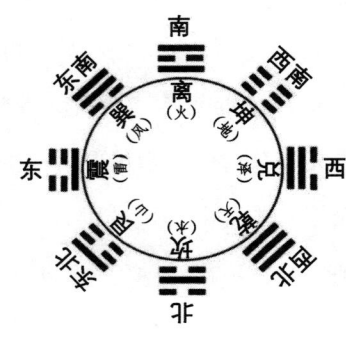

后天八卦图（周文王）

用表格举例其象征性：

卦名	象征	象征	象征
乾	天	健	父
坤	地	顺	母
震	雷	动	长男
巽	风	入	长女
坎	水	陷	中男
离	火	丽	中女
艮	山	止	少男
兑	泽	悦	少女

注：据考证八卦图是宋代人创建

由八卦组成六十四卦如下：

1. 八卦的每一卦称为经卦、单卦，是三画卦、三爻。若表达象征更复杂的事物及其特征，需要两个经卦叠加。

2. 两个经卦叠加组成一个别卦、重卦，是六画卦、六爻。如此可以组成六十四个别卦，这是《周易》的核心内容。

例如：经卦乾卦（☰）、经卦坤卦（☷），这两个经卦相互叠加，可以组成否（pǐ）卦（䷋）和泰卦（䷊），这否、泰两卦，统称为别卦、重卦。

3. 经卦在下为下卦、里卦、内卦，经卦在上为上卦、外卦。

三问："周易"二字如何解读？

答：《周易》中的"周"字通常有四种解读：一是周文王创建六十四卦，"周"是周文王的姓；二是周朝的"周"，孔颖达解《周易》的"周"为代号，指周朝；三是周全、周到的"周"，郑玄解《周易》的"周"字为"易道周普无所不备"；四是周而复始的"周"，是循环周期性的"周"。笔者认为，除一外（因为周文王不姓"周"，而姓姬，名叫姬昌）其余三种解读，都可选用，可兼容，可以"周"字多义。因为众多人认为《周易》六十四卦诞生在周朝；《周易》阐述天体宇宙间变化的百种事物、百态人生。人世间有多少事物，《周易》就有多少卦，所以《周易》的"周"是周全的、周到的；《周易》阐述宇宙间事物的变化是有规律的，是"周"而复始循环状态。

《周易》的"易"字通常有两种解释：一是由日、月二字构成"易"，东汉魏伯阳的《周易参同契》中说"日月为易"；二是"易"是蜥蜴的"蜴"。这两种解读都可接受，表达类似意境，即"易"是变化的。因为：其一，由日、月二字组成的"易"是日上、月下，昼夜变化，又表示日为太阳属"阳"，月是夜晚属"阴"，也是阴阳在交替变动。其二，说"易"是蜥蜴的"蜴"，也有道理，蜥蜴是一种动物叫变色龙，为保护自身，随周围环境而变换自身的颜色。这两种解读"易",更符合"周"是周而复始的周期性变化之义。穷则变,变则通,通则久。因此有的易学家称《周易》为"变经",适应时代的变化,与时俱进,不同时代赋予《周易》不同的生命力。读《周易》要触摸到时代的脉搏,古为今用,如此《周易》不会枯萎。例如新时代解读《周易》,见第四问答。

四问：孔子解读《周易》写《易传》受盛赞有局限性吗？

答：据《论语·述而》中孔子所说："加我数年，五十以学《易》，可以无大过矣。"这是孔子自己说他50岁开始学《易》。司马迁在《史记·孔子世家》中说："孔子晚而喜《易》，序《彖》《系》《象》《说卦》《文言》，读《易》韦编三绝。"这也是说孔子晚年不仅学《易》，而且有著作，读《易》很刻苦，韦编三绝。所谓韦编三绝，当时文字写在竹简上，用皮带串订在一起，称为"韦编"，"三绝"是爱不释手，弄断了三次。可见孔子晚年酷爱《易经》，解读《易经》写心得体会，给《易经》加注释共十篇文章为《易传》，充满了智慧和哲理。十篇称为"十翼"，翼是鸟的翅膀，使《易经》展翅由占卜层次飞翔到哲学高度，使《易经》得到洗礼和升华，是《易经》的再创造。例如近五千字的《易经》，没有"阴阳"二字，只有阴阳符号构成的卦爻，用卦爻阴阳符号的变化，阐述宇宙人世间事物的变化，而《易传·系辞上》说"一阴一阳之谓道"，才出现"阴阳"二字的辩证哲理。《易传》获得了普遍的认同和赞誉。有人说《易经》加《易传》称为《周易》。但通常不严格区分，《周易》即《易经》，《易经》即《周易》。

下面引用《周易演义续集》一段序言。

  历代易界学者解读《周易》，几乎都把《周易》古经和《易传》合在一起，称谓"经传不分"，沿袭至今。由于《易传》给《周易》定了"调"，给后人树立了标杆，凡是引入《易传》的《周易》书籍，没有与《易传》唱反调，大都顺着标杆攀登，不能超越。首先解读古奥词句的《周易》卦爻辞，再解读紧随其后《易传》的文言文，或把两者合并解读，解读时两者基本相融。所不同的是每位作者解读时的理解发挥和强调的不同。有的强调哲理，有的强调管理，有的强调伦理，等等。这些发挥，只要引入《易传》，大都沿着《易传》铺好的轨道前行。所以有的读者说，有些《周易》书籍内容，人云亦云雷同。好像《易传》是一张大网，凡是进去的，个人发挥的空间都在网内，若不唱反调，则不会出错，会受到尊重，因为是孔圣人说的。确有引入《易传》写出精彩篇章，但有很多方面的内容，与现实环境和生活不贴近，有相当大的距离。因为《易传》成书是在战国晚期，反映那个时代新兴的封建思想面貌，距《周易》古经大约六七百年，时代精神面貌各不相同，所以《易传》加入《周易》很多所没有的文化思想和内涵。由此可知，时代不同，解读《周易》也不尽相同。

由上述可知《易传》的优点和局限性。这局限性突出表现在《周易》有些卦的目标模糊、抽象，有不确定性，只树立起框架，让后人解读时充实内容。孔子是《周易》的读者，也是作者，他解读《周易》的心得体会用《易传》填入"框架"，定了"调"。若历代都按照《易传》去解读《周易》，会使《周易》僵化，缺乏时代气息，不贴近当代生活。《周易》

的"易",有多种解读,其一是蜥蜴的"蜴",是一种动物,是变色龙,身上的颜色随环境变化而变,适应环境,保护自己不受侵害。这表明《周易》的解读应与时俱进。哪些卦可以突破《易传》去解读呢？需解读者据时代的脉搏、据卦的深层次的蕴涵去悟。例如,《周易演义》及其续集,解读乾坤二卦为国家领空领土,第七爻位分别是太空和北极,恰好符合爻辞。又把既济、未济二卦,解读为生死轮回因果律,隐含要立德树人之义。如此解读未受《易传》束缚,仅依据《周易》原文的原汁原味。正如宋代易学大家朱熹名言："且须熟读正文,莫看注解。"有很多解读《周易》的书籍不采用《易传》。例如赵又春的《我读周易》序言里写："本书是抛开《易传》解读《周易》的书。"邵乃读著《正本清源说易经》等,也如此。

在易学史,也有不完全按《易传》解读《周易》形成的象数派和义理派,也有各自提出许多体例的学说,如飞虎说、纳甲说、五行说、卦变说、互体说、一爻为主说、随即取义说、错综说、比例引申说,等等。总之,都不满足《易传》提出的体例。

笔者结论,不应否定《易传》的功绩和不可或缺的作用,该采用的还应采用,但不应受《易传》的完全束缚。对不采用《易传》而用自己独特思路解读《周易》者,应给予尊重,人人都有发言权。解读《周易》不应封顶,如果说孔子《易传》是 1.0 版本,笔者在易界呼唤和期待《易传》2.0 版本的诞生；如同科学界有些不解之谜,呼唤和期待第二位爱因斯坦出现。

五问：乾坤二卦为什么有众多解读？

答：《周易》共六十四卦，乾坤是首二卦，是《周易》的门户。《周易》是开放型，不拒绝任何读者走进来阅读、发挥心得体会，尤其是首二卦乾坤。其目标似乎有所指，又似乎无所指（目标广泛）。由此二卦的卦名标题上来看，易学者认为乾为天、为圆、为阳、为男、为父、为君、为玉、为龙……坤为地、为女、为母、为阴……由这些注释，目标很难定位。不同于井卦比喻说不能荒废井，鼎卦指鼎新而言，及蒙卦说启蒙教育，讼卦说打官司，谦卦说谦逊等。孔子解读乾坤二卦的主题和卦辞，创造了两句名言：说"乾"为天，天行健，君子以自强不息；说"坤"为地，地势坤，君子以厚德载物。这格言千古流传，展示了中华民族精神中的宽宏大度的胸怀和实干的毅力。清华大学把"自强不息，厚德载物"作为百年校训，教育华夏儿女求学者。孔子解读乾坤二卦的名言，是对《周易》的再创造，是站在宇宙的高度上使《周易》成为哲学文化、精神世界的太阳，照亮人类的心灵；将在末二卦人的归宿日落，看到未济卦使月亮升起，照亮阴间世界。还有众多的作品从不同角度解读乾坤的卦名和卦辞，仅以乾卦举例摘录如下。

例一：王天苗著《周易元义》说，乾卦卦辞中的元亨利贞，比拟地球公转所形成的春夏秋冬，这里又以元来指代天道四季里变化的阳气。因此要辨析理解元在此处有两重含义，一为乾元之阳气，一为元亨利贞之元。卦辞元亨利贞四字在《周易》卦爻辞中多次出现，《周易》作者特意在最开始即指出元亨利贞四字，自有良苦用心，学者对此要仔细品思、玩味。

例二：金景芳等著《周易全解》说，"元亨利贞"四个字系于卦之下，谓之卦辞。乾卦取象于天，但不是取象于天的形体，是取象于天的性质；天的性质用一个字来概括，就是健。乾就是健。健是什么？健是天体有规律的运转，永不停息，什么力量都不能阻止它，改变它。卦辞用"元亨利贞"四个字释健之意。"元亨利贞"就是健，合言之是健，分言之是元亨利贞。

例三：南怀瑾等著《周易今注今译》说，乾卦，元、亨、利、贞的意思是，具有原始的伟大的、亨通的、祥和的、贞洁的四种德行。用这四个字来包括乾卦内涵的德行。

例四：赵又春著《我读周易》说，元亨利贞这条卦辞，许多注家断句为元、亨、利、贞，即认为这四个字是并列关系，表达乾卦也即天的四种德行，称为四德。赵又春不认同这个理解，因为这四个字也在其他几个卦中充当卦辞，那些卦象并不是天，当不会也完全地具有天的德行。持四德说法的注家们倒是承认这一点，所以他们解说那些卦时，对这四个字并不如此断句。但他们用乾卦的特殊性来辩护，坚持对这条卦辞作上述理解。赵引述李镜池先生的话："'元亨利贞'四字中，只有个'亨'字是独立成义的。"赵又春认为此说符合这四个字在《周易》中用法的实际，并再引李先生的话作结："一部《周易》，劈头第一句话的句读尚且这样胡分硬断，其他的附会可想而知。"

六问：新时代解读《周易》能把乾坤解读为国家及其领空领土吗？

答：可以的，《周易演义》及《周易演义续集》便如此解读。解读乾坤二卦象征国家及其领空领土，由此找到第七爻位分别是太空、北极，其思路摘录简介如下。

（一）乾卦

八经卦三阳爻的乾为天，两个乾叠加成六爻重卦乾卦。其卦象是乾下乾上，是两个天，是天外有天双重天。一个天是国家领空，另一个是在领空之上的天，是各国共用的太空。

乾卦把龙、君子、天，三位融为一体。

卦辞为"元亨利贞"。元、亨、利、贞分别是春夏秋冬，是天行健一年四季运转。君子在这岁月的长河里锻炼成长为君主，守卫国家的领空。乾卦六爻由下往上依次是：初九爻"潜龙勿用"，君子在潜伏期没发挥作用。九二爻"见龙在田"，是君子出现在群众间工作。九三爻"君子终日乾乾、夕惕若厉"，是君子每日勤奋工作，早晨到日落时反省自己当日的工作。九四爻"或跃在渊，无咎"，是君子站在十字路口，思考继续往上跳跃，否则坠入深渊。九五爻"飞龙在天"，是君子飞跃在九五之尊位，由君子已成为君主、领袖。上九爻"亢龙有悔"，这位飞龙君主又上升到国家的领空，若敌人侵犯领空不抵抗将后悔。本应到此结束。

然而《周易》六十四卦，唯独乾坤二卦是七爻，其余六十二卦都是六爻。六十四卦中的每卦六爻，这六爻每爻既有爻位又有爻辞，但乾坤二卦第七爻，仅有爻辞，没有爻位（置）！《周易》作者因时代的局限性，让后人充填，数千年未找到其位置。新时代解读《周易》，解读乾坤为国家及其领空领土时，便找到了第七爻的恰当爻位。因为乾卦的卦象是两个乾经卦叠加，是两个天，天外有天，第一层天是君子在六爻已到达国家领空的位置，六爻已如此高度，领空再往上升，便是各国共用的太空，即第七爻即用九爻位（置），恰好符合用九爻辞"见群龙无首，吉"。解读为世界各国在此形成的群龙不能为首称霸，和平利用才吉祥。孔子《象》曰："用九，天德不可为首也。"即不可为首霸道布置武器，这是天德。

（二）坤卦

八经卦坤卦三阴爻象征为地，若两个经坤卦叠加成六爻重卦坤卦，其卦象是坤下坤上，即上下为地是两片土地，一片是国家领土，另一片是各国共用的北极地区。

坤卦的卦辞最长，已把牝（母）马、君子、大地三位融为一体。其中"利西南得朋，东北丧朋"，其意是后天八卦东北是艮卦，五行属阳土；而西南为坤卦，五行属阴土。坤为阴，物以类聚，人以群分。君子为坤为阴，在西南结交朋友共同打天下。

初六爻"履霜，坚冰至"是君子开始"革命"如履薄冰艰难。六二爻"直、方、大，不习无不利"是君子在直方的大地上，做从未做过的工作。

六三爻"含章，可贞，或从王事，无成有终"，"含章"是胸有成竹不外露，"可贞"是坚持走正确道路做统一的事业（"王事"），即使不成功，也要坚持到底（"有终"）。六四爻"括囊，无咎无誉"，此囊是口袋，可扩大空间象征大会堂，在此成立了统一战线的团体；"括囊"是扎上口袋，统一对外发号施令，个人不要患得患失争荣誉，才能"无咎无誉"。六五爻"黄裳，元吉"，古代黄色为贵，君子已穿上黄色龙袍，成为君主、领袖，吉祥。上六爻"龙战于野，其血玄黄"，"野"是辽阔的大地，六爻是已到达顶点，即国家的边疆。君子即母马在此守卫边疆，敌人入侵，母马呼唤天龙下来应战，于是龙马并肩浴血奋战，血染沙场，"其血玄黄"。《千字文》第一句就是"天地玄黄"，玄、黄分别是天、地颜色，玄是天龙流的血，是赤黑色，大地母马流的血是黄色。龙马并肩如此激烈抗战，中华民族"龙马精神"从《周易》流传于世，流传数千年至今。

坤卦的卦象是两片地域叠加，一片地域是国家领土，第六爻位置是在国土边疆；另一片地域是从边疆往北延伸到极点即北极，因为《周易》诞生在北半球，有人称谓"指北针"。即第六爻再往北便是第七爻即用六爻位（置），也恰好符合用六爻辞"利永贞"。"利"是在该区域和平利用，"永贞"是永远保持这贞洁区域。孔子《象》曰"用六永贞，以大终也"，是说各国在这共用区域和平开发利用是最大最好的结局，这是地德。

总结，新时代赋予《周易》新使命，与时俱进，古为今用，使《周易》在新时代放射新的光芒。解读乾坤二卦为国家及其领空领土，并且找到了数千年未找到的第七爻的位置——太空和北极。如此解读，符合哲理、逻辑和现状，这是创新。联合国近年已有太空和北极和平利用的有关条约。而《周易》远在三千年前第七爻声称，和平利用太空是天德，和平利用北极是地德。《易传》又呼吁"万国咸宁"，这是《周易》在地球村向世界发出和平的最强音,人类命运共同体,是《周易》世界观,呐喊世界大同,是《周易》梦!这表明中华民族拥有爱好和平的优良传统。若敌人胆敢入侵,以坤卦上六爻"龙马精神"应战。

七问：为《周易》立下规矩的是哪两个卦？

　　答：乾坤是《周易》的首二卦，是《周易》立的门户，是阴阳两扇门，缺一不可，进来就得守规矩。因为乾为天，天圆，圆是画圆的圆"规"。坤为地，坤卦六二爻辞"直、方、大，不习无不利"，"直、方、大"是用"直"尺画出大地成方形，因为"天圆地方"。"直"尺就是"矩"。天圆是"规"，画成地是方形的工具是"矩"，乾坤合并为"规矩"。俗语说："不以规矩，不能成方圆。"南怀瑾解读"天圆地方"时说："因为天体是圆球，地面要用平方形来计算。"《现代汉语词典》又解释"规矩"：（1）一定的标准、法则或规范。（2）行为端正老实；合乎标准或常理。由此解释可知，《周易》用乾坤二卦树立规矩，为人标准是"君子以自强不息，君子以厚德载物"。

八问：为什么说末二卦是生死轮回因果律？

答：《周易》六十四卦的每一卦都很重要，尤其是首末各二卦更为重要。而且首末各二卦是前呼后应，关联密切。国学大师南怀瑾说："六十四卦中，求其内在交互作用，便只有乾、坤、既济、未济四卦。"大师又说："宇宙万事万物如何变化，它的吉凶观念价值的构成，唯有末二卦既济、未济两个对峙的现象而已。"这提出末二卦既济卦、未济卦的吉凶价值观。吉凶即善恶，善恶内含因果报应，这体现道德观、人生观。为何又与乾坤首二卦相关联呢？

乾卦主题是："天行健，君子以自强不息。"自强不息地工作，是为家庭为社会创造财富，这是积德。坤卦主题是："地势坤，君子以厚德载物。"积德才能厚德，厚德才能载物。若从这个角度解读乾坤首二卦，是道德观、人生观，这是《周易》的初心。在《周易》结尾的末二卦既济与未济，要不忘初心，牢记使命。

《周易》作者编写末二卦既济、未济，故意不写生死二字，更不直言生死轮回，却巧妙地暗藏这个主题和内容，让读者去"悟"。因此必须从深层次挖掘隐含的生死轮回因果律，折射出道德观、人生观。从以下多角度来剖析。

（一）第六十三卦既济卦，既济是卦名。既是已经，济是过河。用小狐狸比喻人已经渡过人生长河，把"首""尾"都弄湿了，到达彼岸，终点归宿，了此一生，离开人世间（阳间）。从乾卦六爻皆阳爻，演变到既济卦六爻完美到位，阳爻在阳位（一、三、五位），阴爻在阴位（二、四、六位），六十四卦唯此卦如此，人生到位到达终点。《周易》应到此结束，然而还有未济卦，山穷水尽疑无路，柳暗花明又一村。未济是还没过河，还要在另一个世界（阴间）去过河。

（二）第六十四卦未济卦。前一卦是既济卦已经渡过河到达彼岸、今生终点。最末一卦安排未济卦，仍要过河，又"活"了，死而复活来世的含义是从古至今的格言："善有善报，恶有恶报，不是不报，时候未到。"这"未"到就是"未"济卦。到了未济卦就得到了报应。这卦名就体现了善恶报应因果律。

《周易》作者编写末二卦故意不写"生死"二字，更不含生死轮回的文字，却精心巧妙地暗含这个主题和内容，让读者去"悟"。因此必须从深层次去挖掘。下面展示末二卦（并列对比）：

既济卦 坎上离下	未济卦 离上坎下
卦辞：既济，亨，小利贞，初吉终乱。	卦辞：未济，亨，小狐汔济，濡其尾……
初九：曳其轮，濡其尾，无咎。	初六：濡其尾，吝。
六二：妇丧其茀，勿逐，七日得。	九二：曳其轮，贞吉。
九三：高宗伐鬼方三年……	六三：未济，征凶，利涉大川。
六四：繻有衣袽，终日戒。	九四：震用伐鬼方三年……
九五：东邻杀牛，不如西邻之禴祭……	六五：贞吉，无悔，君子之光……
上六：濡其首，厉。	上九：有孚于饮酒，无咎。濡其首……

上述末二卦，文字故意不说生死，先摆出生死轮回的框架，在框架内填文字，东一句，西一句，逻辑性较差。例如既济卦六爻内容顺序直译

是：拖拉着车轮，把尾巴弄湿了；妇人丢失了头饰，不用追找，七日会得到；高宗伐鬼方三年攻克；好的衣物也会褪色变质，要保存好；东郊杀牛盛大祭祀，不如西郊心诚简朴祭祀；把头弄湿了，不吉利。这六个爻辞连贯一起很难表达完整的目标；未济卦的文字表达也类似。然而古今中外都能对《周易》圆满解读，自圆其说。这末二卦的文字没有"生死"二字，更没直言生死轮回，但在爻位巧妙的安排上却隐含这些内容。由上述框架内排列的卦，从上往下读，请看既济卦第一爻初九是阳位"曳其轮"；而未济卦第二爻九二是阴位"曳其轮"。二卦相差一个爻位，既济卦先说为上、爻位阳；未济卦后说为下、爻位阴。再看既济卦第三爻九三是阳位"伐鬼方三年"；而未济卦第四爻九四是阴位"伐鬼方三年"。又差一个爻位，既济卦先说为上、爻位阳；未济卦后说为下、爻位阴。

上述末二卦同样爻辞，都有"曳其轮"和"伐鬼方三年"，但是既济在阳位，未济在阴位；二者差一个爻位，既济先说在上，未济在下。二者差一个爻位这个"一"是地平线，既济在地上，未济在地下。地上为生（阳），地下为死（阴），如下图所示：

$$\text{地平线} \quad \frac{\text{生（既济）}}{\text{死（未济）}}$$

再看生死轮回也隐含在爻位上。既济卦终了是第六爻上六为"濡其首"，而未济卦开始的第一爻初六为"濡其尾"。显然"首""尾"相联，由既济在地上的"生"，最终转入未济地下的"死"，由"生"转入"死"。再看未济最后一爻上九为"濡其首"，而既济开始的第一爻初九为"濡其尾"。这又是"首""尾"相连，是反向的"首""尾"相连，是由"死"转入"生"，是"生死轮回"，即"生生不息"。末二卦二者不可分离，如同一枚硬币有两面，一面阳面，一面阴面。又如互相咬合的两个齿轮，生死循环转动，生死轮回，点亮《周易》。末二卦不挑明，也不直言生与死，由上述展示"此时无声胜有声"，悟者应听到。"生生不息"从哲学角度可解读上述末二卦死而复生有来世。这是所有宗教信仰的共同点，虽然各宗教的内容不同。《周易》并未宣扬宗教，在末二卦却与宗教有千丝万缕的联系。

末二卦的生死轮回因果律，是呼唤人类道德观。善或恶不是不报，是时候"未"到，到了未济卦便知因果，为人要有敬畏感。一个良好的社会必须要有道德来支撑，既要以法治国，又要以德治国。法律约束人的行为，道德约束人的心，心动才去行动。末二卦规劝人修身养性、行善积德走正道，立德树人（勿腐化堕落、祸国殃民），具有现实意义。这是《周易》的人生观、道德观、价值观。

郑吉雄先生在其著作《周易答问》说："《周易》没有讲生、死。生、死只是初、终的一个环节。"笔者理解这言外之意初、终就是生、死。因此既济卦辞"初吉终乱"，可解读为人"初"生家属欢乐而"吉"祥（初吉），人生"终"死家属悲哀而"乱"（终乱）。这是从另一角度论证既济卦是人生终点。

附：近期令人深思的一条新闻，科学家霍金的生与死，连接两位科学家。霍金 2018 年 3 月 14 日逝世，该日期恰是科学家爱因斯坦的诞生日（3月 14 日）。霍金诞生在 1942 年 1 月 8 日，正是科学家伽利略逝世日（1月 8 日）。更巧的是霍金逝世的 3 月 14 日暗合数学圆周率 π "3.14"，该日是"国际圆周率日"。圆周是循环论，若以《周易》论是"生生不息"，是上述《周易》末二卦首尾相连、生死轮回。年代可以跨时空是天马行空，是大范围，是宏观的；月日是微观的，是小范围，有局限性，节假日都以月日而立。因此上述三位科学家生死轮回是以月日计。伽氏去世日，是霍氏生日，生死轮回；霍氏去世日，是爱氏诞生日，但爱氏已故，是牌位，是代名词，以后必然会有该月日诞生的第二位爱因斯坦，该月日是循环的圆周率，又是由于末二卦的规律性，但愿没有个例。以上三位科学家探讨的大范围都是研究宇宙天体物理的。以下介绍这三位科学家的生卒时间和相关研究领域。

霍金（1942年1月8日—2018年3月14日），天文物理学家，宇宙学家，提出"霍金辐射"等。

爱因斯坦（1879年3月14日—1955年4月18日），物理学家，提出"相对论"等。

伽利略（1564年2月15日—1642年1月8日），数学家，天文学家，物理学家，改进望远镜进行天文观测，支持哥白尼日心学说等。

（三）若把既济未济二卦合成为一个卦对待，"既"是旧过程今生的终结，又是新过程来世的开始，因此既济未济二卦密不可分。还可从卦辞上看共同部分。既济的初爻和上爻有"濡尾""濡首"，未济也有。"伐鬼方三年"和"曳其轮"，二卦皆有。二卦都用经卦坎、离组成，重点在"离"。既济的离在下，是初九爻至九三爻，这三个爻可解读为怎样谨慎求"济"；上卦是坎，是六四爻至上六爻，这三个爻逐渐走向未济，表明"物不可穷"。未济是离上坎下，说明既济的终了就是未济的开始，既济之时已经包含未济。未济卦内三爻讲未济之事，初六爻有"濡尾之吝"，九二爻说"曳轮之贞"，六三爻"戒以征凶不当"；外三爻进入"离"，离为明，情况逐渐好转，九四爻"伐鬼方有赏"，未济将变为"济"，六五爻"君子之光贞吉"吉而又吉，上九爻"有孚于饮酒无咎"，饮酒自乐无咎了，然而不可沉湎于酒而不知节，于是又埋下了危险契机。从六十四卦全过程看，既济是这个长过程的终结，然而"物不可穷"，在过程终结的同时，新过程又开始了。把既济未济二卦作为一个独立的整体考察，不难发现，它们正反映了易变易的终始之义。这个终始之义不能归结为循环论。（本段摘录于金景芳《周易全解》，笔者认为应该归结为循环论。）

（四）从末二卦的互卦里，也可解读既济卦与未济卦的密切关联性。《周易》六十四卦的每一卦，都是由两个三爻的经卦叠加成六爻的重卦（别卦）。这六个爻中的二、三、四、五爻，这四个爻又可分别互成为一个重卦；其中二、三、四爻为重卦的下卦，三、四、五爻为重卦的上卦。例如泰卦䷊，中间四个爻互卦为归妹卦䷵。既济卦䷾的中间四个爻互卦为未济卦䷿，而未济卦的中间四个爻互卦为既济卦。这也说明末二卦互相你中有我，我中有你，今生与来世互相关联，都"活"着，生活在阴阳两个世界。古民俗把日用品入墓，让逝者继续在地下阴间使用，如下所言。

（五）未济卦上九爻辞"有孚于饮酒……"，这是人入土地下时，把该人生前的日用品包括酒和最贵重物品放在墓里，供其在阴间继续使用，这是古代的民俗文化。虽然现代人已废除这些民俗，但是还应感谢这些民俗，使现代人还能看见兵马俑、马王堆、清东陵的乾隆和慈禧太后的陵墓，以及国家博物馆，等等。现代仍有民间三大"鬼"节：清明节、中元节、寒衣节。其中清明节国家规定为法定节假日，为民族英雄祭奠扫墓。民族英雄虽死犹生，活在人们心中。

（六）举例有关报导生死轮回

1. 笔者应邀去台湾参加"海峡两岸周易论坛大会"，笔者在大会上发言，解读上述《周易》末二卦，获得肯定和好评，方知台湾同胞对国学《周易》文化的酷爱，对末二卦的认知。正如《环球时报》2019年1月24日报道，标题"台湾知名作家林清玄去世"，摘录如下：林清玄是台湾著名作家，曾获时报文学奖等多奖项，是台湾畅销作家，他有26篇文章被收录在大陆教科书中，号称每年有一亿学童读他的作品。1月23日因心肌梗死去世。傍晚，林清玄家属发表致读者信，表示在林清玄眼里，他只是换了一个地方居住，"其实生跟死没什么两样，就好像移民或者搬到别的城市去居住，总有相逢之日"。

2. 再介绍一位台湾易界名家曾仕强教授关于生死的论述。2009年中央电视台《百家讲坛》拟播讲《周易》，友人推荐笔者，但落选。友人告诉笔者，选中曾教授。笔者去信曾教授首先表示祝贺，并附上笔者对《周易》末二卦的解读，请他参考。他来北京时抽空闲会见笔者说："古今未有如此解读末二卦，老兄的解读富有哲理性、伦理性和道德取向，是专利，可以出书立说……"随后他把预先写的关于生死的一页文字给笔者，供笔者出书时参考。现摘录如下：

生到死是单向道，虽然每个人经历不同，是"殊途"，但死却是一致的"同归"。生与死有三个公式：

（1）生=死。因为一口气上不来，生就变死了。"生死一线间"。一线是地平线。"来生"是灵魂来投胎形成"今生"；"往生"是灵魂最后一次离开"今生"的躯体（既济），到另一个世界（未济）"往生"去了。"生"不过是有躯体的生，而"死"是"没有躯体的生"。"生"和"死"的本质都是"生"。只是有躯体和没有躯体，也就是一阴一阳，一个阳间，一个阴间，阴阳是《周易》核心元素。例如孔子虽死犹生，他的精神文化受人尊敬，死=生。

（2）生>死。人活着要效仿乾卦"自强不息"，为人民服务。这是公德行善，死则做不到。所以生的能量>死的能量。

（3）生<死。人生行善或做恶的时间短暂，很快会弄湿"头尾"到达既济终点彼岸。生前种下的"因"、死后未济获得"果"的时间是永久的，所以死>生。

3. 要避免生前就遭到因果报应。《环境时报》2019年5月7日报导：在韩国全罗北道益山市郊区有一座专供拍影视、供游人体验的观光"监狱"，有高耸的白色围墙和瞭望塔，围墙上写"道德修养，确立秩序"。网友说"看到这冰冷的铁窗铁门，感到无比的沉重和心寒，绝对不能做坏事，下决心要善良正直地度过一生。"笔者认为这也避免了死后遭到恶的报应。

4. 国学大师南怀瑾在《易经系传别讲》有如下论述：中国文化素来认为，人类活着与死去，没有什么差别，也没有那么多的痛苦。生者寄也，死者归也。活在世上等于住旅馆，来这里玩玩、来观光的，观光完了当然要回去的。所以说，死生如旦暮——像白天与黑夜一样，有生必有死，有夜必有昼。换句话说，这个死生观念不是唯物的观点。唯物观点认为人死如灯灭，中国文化的观念不是如此。它的看法是：死也不是死，有死必有生；生也不是生，有生必有死。用佛家的说法就是轮回，也就是三世的因果。三世指前世、今世、未来的来世，生死是三世因果。

（七）《周易》首二卦乾为天，坤为地。有天地便有了人，恩格斯说，人是大自然的产物。乾为天宣扬天道，坤为地宣扬地道，末二卦阐述生死轮回是人道。天地人是《周易》的三才，天人合一是《周易》追求的最高境界，既然"天人合一"，末二卦人生轮回，天地宇宙也应该轮回。2016年11月13日百度新闻网有标题为"科学理论揭示人生轮回的可能性"的一文，摘录一段如下：

宇宙由原始虚无形成致密的一点，开始大爆炸，产生了时空、能量、原子、星系、物质、暗物质、暗能量、反物质。在暗能量推动下，宇宙不断加速膨胀，最后导致时空撕裂，使宇宙化为虚无；或者暗物质吞食物质，二者都导致宇宙回归原点，是宇宙下一个轮回，导致人类也进入下一个轮回，重复人生是什么样，不得知。

（八）有些著名的作品尾声进入另一个世界

有些不朽的传世名著，在尾声主人公从现实世界转入另外一个世界，例如：

《梁山伯与祝英台》凄美的爱情故事，梁祝化成蝴蝶。

丹麦安徒生名著《卖火柴的小女孩》，在新年除夕，小女孩一天没卖出一根火柴，又冻又饿，坐在大街角落里，划根火柴突然看见许多美食，再划火柴看见圣诞树，划完火柴看见外祖母。她离开这个世界跟随外祖母去了。

俄国著名作家陀思妥耶夫斯基名著《罪与罚》，描述一位穷大学生，为生活所迫，杀死为富不仁放高利贷的老太婆和老太婆无辜的妹妹，凶杀案，犯了"罪"；他在良心上受到残酷的折磨万分痛苦，在一位基督徒姑娘规劝下去自首，被判流放做苦役，得到"罚"。但他的灵魂通过皈依上帝得到洗涤，尾声他将进入精神世界。

通过上述逆推到炎黄祖先名著《周易》，从乾坤卦开始，经过百种事物，百态人生，到达终点的既济卦，在沧桑物质世界里渡过河上了岸；立即转入另一个世界，即精神世界未济卦去过河。

（九）总结——《周易》"乾"卦教导人"自强不息"为社会为家庭创造财富行善，行善就是积德。坤卦"厚德载物"，积德才能"厚德"，厚德才能载物。从这个视角解读"乾坤"是树立道德观、人生观。

古人观察"天圆地方",乾为天为圆,是圆"规";坤为地为方,六二爻"直方大……",是直尺,又称"矩"。这"规"和"矩"可知乾坤立了"规矩",把道德视为遵守的规矩,这是《周易》的初心。《易传·文言》在坤卦说:"积善之家必有余庆,积不善之家必有余殃。"这也是《周易》在卦首不忘初心,在结束的末二卦牢记使命。也就是末二卦既济未济承担《周易》的道德"使命"。用末二卦来检验从乾坤天地诞生的人,经过六十余卦的风风雨雨,大浪淘沙,是否走正道、守道德来趋吉避凶。履卦九二爻:"履道坦坦,幽人贞吉。"解读:道是道路、道德,其意是走道德的道路是平坦的,即使在幽暗的环境里也会吉祥。恒卦九三爻:"不恒其德,或承之羞,贞吝。"解读:不长久保持道德,将蒙受耻辱,遭到报复。随卦九五爻"孚于嘉,吉"解读:以诚信待人做善事则吉。蹇卦九五爻"大蹇朋来"解读:讲道德走正道的人,遭到大灾大难,朋友就会来助。为人处世积累的善或恶、种下的"因",在末卦未济卦就得到报应、获得"果"。《周易》在末二卦折射出善恶因果关系,给人类敲响道德警钟。这是广义的道德,包括:乾卦用九爻"天德不可为首也"的天德、坤卦《象》曰"坤厚载物、德合无疆"的地德、末卦"立德树人"的人德。也就是包括了天地人三才的道德。首末各二卦前呼后应,彰显出有机的整体,《周易》通过末二卦,将人类带到精神、思想更高的境界,把《周易》正能量全部释放。国学大师南怀瑾在《易经系传别讲》中讲:"我经常告诉大家说,如果懂了未济,《易经》全部道理你就懂了。"

九问：何谓象数派和义理派？其历代如何？

答：这两派就好像《周易》形成的过程。没有文字时，《周易》是用阴阳符号排成卦象，是符号系统，又称象数符号系统。象指的是八卦的卦象，因为由两个八经卦叠加而成。六十四卦蕴含着数的奥秘，如奇偶数、天地数、阴阳数等。例如爻的奇偶，奇数为阳爻，偶数为阴爻。一说数由象而生，数生于象，因为八经卦以及两个经卦组成六十四卦，这些卦是象，象内含数；又一说，从出土的西周甲骨文及青铜器上的数字卦，推断八卦起源于数。

象数是卦的形象，通过卦象，感受到印象，通过印象发挥每个人的想象，还可以比类、旁通等手段进行象数思维。因此，仅凭象数解读《周易》，留给操作者广阔的思维空间和丰富的想象余地，非常灵活，各有各的观点和结论，应用面非常广泛。古代占筮者多是采用象数作为道具，判断吉凶祸福，象数成为预测者的工具。当有了文字时，在卦爻上添加试图说明卦爻的文字，是文字系统，是义理派的主要工具，也是用来加工的材料，用此解读《周易》。用象数或用义理解读《周易》，各有所长，但也有南辕北辙的例子，通过这个例子，可以了解何谓象数、何谓义理。例如：古代北齐时期，精于易占的赵辅和，与一位占筮者在一起，有人请筮者为远在家乡久病的父亲预测病情如何，占到泰卦☷，卦辞是"泰，小往大来，吉，亨"。于是筮者对求卦者说泰卦卦辞通训，小是阴，大是阳。小的过去，大的到来，吉祥，亨通，结论是病情好转。这是用卦辞、用义理解释。当求卦者走后，旁观者赵辅和对筮者说，泰卦的卦象是乾下坤上。八经卦的乾为父，坤的五行为土，如此是父在土下在土里，其父已经死了。显然赵辅和是用卦象即象数解释。两者结论截然不同，谁对谁错，用事实来回答。

《周易》的形式就是象数，它的内容就是义理，由于形式和内容不可分，两者本应紧密结合在一起，称为《周易》的"象数理"。但是，这两者的结合，没有普遍的紧密的联系，可以各行其事。因此，在历代易学史上，有时合，有时分，分时还争斗。是花开两朵，各表一枝，但两者是同根同气。

春秋易：孔子读《易经》写心得体会的《易传》，给《易经》作注解，认为象数巫法蕴含着阴阳学说的哲理，冲淡了巫术成分。改造成哲学思想的工具，展现了解释学的优势。孔子为首倡导义理，说自己独重义理——"吾观其义耳"。但《易传》并未扫落象数，只在处理象数与义理的关系时，把义理摆在首位，使象数服从于义理的需要。

两汉易学：两汉时期的易学，后人称为汉易。汉初，由于统治者表彰儒家，倡导经学，《周易》被尊为六经之首。汉代是象数派从创立发展到鼎盛的时期。汉易象数名家有孟喜、焦赣、京房，这三人的著作分别是：《孟氏章句》《焦氏易林》《京氏易传》。孟喜、京房以章句解易，并以卦象占风雨温寒。在这风气中形成和发展出另一著作《易纬》，作者不详，该书将《周易》神学化，以象数解易，又将其理论化。现存的《易纬》主要有《乾凿度》《乾坤凿度》《稽览图》等，其中《乾凿度》是《易纬》

解易的代表作。

魏晋易：义理派占了上风。魏晋时期是古代学术史、思想史以及哲学史上大转变时期，是西汉经学转为魏晋玄学。玄学是以老庄学说为核心而发展起来的哲学流派，也是易学史上一大流派，是这个时期易学发展的主流。王弼是玄学派易学的创始人，以《易传》的观点解释经文，注重义理，抛开汉易中的象数之说。代表著作是《周易注》。晋韩康伯是继王弼之后，玄学派易学的又一位代表人物。王弼注《易》，未涉及《系辞》《说卦》《序卦》《杂卦》等，韩康伯补充了。王韩成为魏晋南北朝时期易学发展的主流。

唐代易：是义理派又进一步的发展。孔颖达将魏晋时期的王弼和韩康伯二位的注合在一起，收入《周易正义》。唐太宗命孔颖达编《五经正义》，对东汉魏晋南北朝以来的各派经师的注释进行总结，统一各家的说法，作为官方教科书，这是经学史上一件大事，对推动易学发展有重大影响。另有李鼎祚编著的《周易集解》，这是偏重于汉易象数之学的总结。

宋代易：此时期象数与义理并重，是易学发展一个新阶段。虽然北宋初年华山道士陈抟是象数派的倡导者，但南宋时期，宋易中的象数与义理都很流行，基本融一。代表著作是朱熹的《周易本义》，全方位融合了象数与义理，包括了太极图、先天后天八卦图、六十四卦圆图和方图，几乎把易图全部展示，对易图的发展做出贡献。朱熹又是宋代理学大师，在易学及哲学史上占有重要地位。此外，周敦颐的《太极图说》、程颐的《易传》和邵雍的《皇极经世》等，都对象数和义理的发展做出贡献。易学成为理学的核心。

元明易：仍然分为义理和象数两派。义理学派又分为理学、气学和心学派；象数派又分为数学和象数两派。元明两代象数之学，提倡以象解易，因而提出了许多图式解说易理，又形成了易图学。就义理派而言，特别是元代理学派，解读《周易》经传，基本因循程颐朱熹所著，未提出非议。而明代的义理派敢于非议。

清代易：把象数和义理发展到顶峰。著作包括王夫之的《周易外传》、李光地的《周易观象》、尚秉和的《周易尚氏学》等。

近代、当代易：象数与义理并重。仅举一些著作：闻一多的《周易义证类纂》，李镜池的《周易探索》，郭沫若的《周易时代的社会生活》，高亨的《周易大传合注》《周易古经今传》，等等。

十问：为什么《周易》有千百种解读？

答：在没有文字时，《周易》用阴阳符号（爻）排列组合成卦爻象，表达事物，是抽象的符号系统。当有了文字时，把符号系统附加上文字说明，是文字系统。但原始文字少，还有的字多音多义，有些古字早已经不用，极简练的一串文字又无标点符号断句，使后人难懂难读，称为天书，如此《周易》充满先天的神秘性、抽象性和模糊不确定性，给后人阅读时开辟了广阔的思维空间和丰富的想象余地。历代易界学者各抒己见，对某些问题争论不休，犹如考试题留的填空，却没有标准答案；又好像只竖立起框架，让后人充实内容。这是《周易》基因造成的。因而从古至今涌现出千百种解读《周易》的书籍，推动着易学不断丰富和发展，构成了《周易》百家讲坛，百花齐放，阐述百种事物、百态人生，百种注解，百家争鸣。张说李说，公说婆说，众说纷纭，人人都有话语权。因此我于2016年出版了《周易演义》进行创新，获得肯定。台湾地区大元书局于同年6月改用繁体字在台湾再版，畅销港澳台。为此于2017年9月又出版《周易演义续集》，台湾地区大元书局又把在中国大陆出版的该书，改用繁体字在台湾地区再版，销售到港澳台。"演义"是新时代解读《周易》，挖掘《周易》深层次的内涵，是创新，以后还会出版与时俱进更新颖的解读。

著名哲学家冯友兰在 1984 年，给在武汉举行的首届中国《周易》学术讨论会发去"代祝词"说："《周易》本身并不讲具体的天地万物，而是讲一些空套子，但是任何事物都可以套进去。"又在另外的文章说《周易》是"宇宙代数学"（注解：代数学是数学一个分支，把已知数放在代数方程里，求出未知数。例如：鸡兔放在一个笼子里，从上面数可知有多少个头〔已知〕，从下面数可知有多少只脚〔已知〕，把这两个已知数放在代数方程组里，可求出在这笼子里有多少只鸡、多少只兔）。还有一位易界名人说："《周易》是个筐，什么东西都可以装。"笔者理解以上所述"套""代""装"是根据时代的需要，更要依据《周易》卦的主题或卦义深层次的内蕴或隐喻而进行。不能无中生有，孙悟空不是从石头缝里蹦出来的。于是笔者把《周易》首二卦乾坤，解读为国家领空领土；把末二卦既济未济解读为生死轮回。详见本书另有阐述。《周易》搭起的框架和预留出的空白，让后人用各自的人生经验和认知，挖掘深层次的内涵与时俱进去填充。因此有关《周易》的书籍汗牛充栋，据说有三千多种。

若是解读《周易》有标准答案，那就只有两本书籍，一本是《周易》原文，另一本是标准解读答案，节约了大量的人力物力。但是《周易》作者似乎故意不这样做，好像装作一只大象，让盲人去摸，如寓言"盲人摸象"般，招引千百种对它的解读。著书立说者都说自己解读正确，不会明知自己错误而发表谬论。群书解读《周易》，其中正确与否，应让谁来判断？没有绝对权威进行垄断，都在"《周易》猜想"。著书立说的作者们都是酷爱《周易》，都是《周易》百花园里的园丁，用心血浇灌《周易》，使《周易》万古长青。笔者向所有为《周易》著书立说者致敬！

十一问：从六十四卦排序中能发现什么？

答：《周易》阐述宇宙间万事万物发生、发展及其变化的规律，以及如何去应对，充满哲理和智慧。《周易》作者编排卦序，用心良苦，别具匠心，试图论述某些历史、事物发展规律。从首二卦乾坤天地生万物开始，即《易传》"盈天地之间者惟万物"。接下来卦的排序，可以窥视事物发展的规律。首二卦乾坤创万物之后便是屯卦。

屯，是"物之始生"，始生必幼稚，于是下接蒙卦。

蒙，是对幼稚需要培养，既需要教育又需要营养成长，于是下接需卦。

需，是需要耕种用来糊口，糊口若发生争执，于是下接讼卦。

讼，诉讼是打官司，能让则让，否则可能动武，于是下接师卦。

师，严明军纪，赏罚分明，易结联盟，于是下接比卦。

比，诚信交友，养精蓄锐，于是下接小畜卦。

小畜，虽然是小畜，却能蓄养众人，众人相聚要有礼仪，于是下接履卦。

履，是讲礼仪，才能亨通，于是下接泰卦。

泰，是天地和，万物生，泰尽否来，于是下接否卦。

否，是天地不交，万物难生，要找出路，于是下接同人卦。

同人，是化敌为友，才有收获，于是下接大有卦。

大有，是大丰收，丰收了需要修身养性，于是下接谦卦。

谦，是对人要谦逊，才能获得快乐感，于是下接豫卦。

豫，是人心快乐，不要独乐，要众乐，于是下接随卦。

随，是追随，择善而从，否则同流合污，于是下接蛊卦。

蛊，要清除腐败，才能廉政，于是下接临卦。

临，是君临天下，重在用贤，要到民间视察，于是下接观卦。

观，要观察民情，为何还有罪犯，于是下接噬嗑卦……

如此继续下去，人有百种事物，会百感交集去处理，是一部壮丽的人生历史。可以触类旁通为一个国家、一个民族、一个家庭、一个企事业单位的历史。特别值得提出的是，结尾的末二卦既济未济，是善恶报应因果律。同理，若把卦序比喻为近代一个国家的历史，《周易》末二卦的预言也正确，发动两次世界大战的罪犯及其国家，都以失败告终，吃到"恶果"。

附：依汉代易学家说卦序，从卦义上看，六十四卦代表宇宙过程。大略划分，上经代表自然，下经代表人事。上经三十卦，以乾坤二卦开始，坎、离二卦结束。下经三十四卦，以咸、恒二卦开始，既济、未济二卦结束。上经乾坤代表天地，坎离代表水火，它们是自然界最具阴阳特征，也是最重要的四类事物。下经咸恒象征男女婚配，为人道之基、人的历史，社会之始、社会历史。上经和下经这种安排意味天地水火男女因果等万事万物都是阴和阳的对立统一。按此类推：末二卦的既济是在阳间属阳是"因"，未济是在阴间属阴是"果"。

十二问：有多元素贯穿《周易》，其中之一是"变"字吗？

答：《周易》阐述宇宙事物发生、发展及其变化的规律以及如何去应对，体现了辩证思维的萌芽。"易"字有多种解读，一说是由"日""月"组成，是日月运行变化；或说"易"是蜥蜴的"蜴"，体色随环境变化而变，是变"易"。这些也体现在《周易》卦爻辞中，举例如下。

坤卦初六爻辞："履霜，坚冰至。"爻辞说，脚下踩到薄霜，冰冻就要来临。宋代朱熹解读："阴始出于下，其端甚微，而其势必盛，故其象如履霜则知坚冰之将至也。"这说明事物发展有渐进的过程，由浅入深，有因必有逐渐结果。《易传·文言》说："积善之家，必有余庆；积不善之家，必有余殃。臣弑其君，子弑其父，非一朝一夕之故，其所由来者渐矣。"这警告后人，坏事开端，要防微杜渐，以免遭受后果。

豫卦六二爻辞："介于石，不终日。"介同砎，是强硬之意。爻辞说，尽管是坚硬的磐石，也会变质，不会长久不变。安逸是暂时的，要居安思危，当前的牢固，将来不会总牢固。王夫之说："介于石，静之笃也；不终日，动之捷也。"解读："静之笃"是事物的本性；"动之捷"是事物的变动性。"介于石，不终日"是暗示即使坚硬的磐石，也会变得不坚硬、靠不住的，令人深思。

渐卦六二爻辞："鸿渐于磐，饮食衎衎，吉。"九三爻辞："鸿渐于陆，夫征不复，妇孕不育，凶，利御寇。"这两个爻辞中的鸿是水鸟，由于其行动不同，结果是一个吉，另一个凶。六二爻辞说，小水鸟从岸边到很近的磐石上。"衎"（kàn），快乐，"饮食衎衎"，其乐融融，吉祥。九三爻辞说，小水鸟刚会飞，翅膀还没有硬，有的远征没返回来，如同丈夫出征没返回，妇女怀孕没生下孩子，半途而废，凶险可怜。没飞回来是遭遇贼寇吗？所以要防御贼寇（利御寇）。这两个爻借鸿鸟不同的行动，带来两种不同的后果，吉和凶。以为远飞觅食为佳，却遭到了"凶"，变化异常，是变易。

鼎卦九四爻辞："鼎折足，覆公餗，其形渥。"覆，倾倒。餗（sù），鼎里食物。渥（wò），脏湿。爻辞说，三足的鼎倾倒了，折断了足，把鼎里给王公煮的美食，也倾泻了，撒满全身，外形污浊，凶相。言外之意，坚固的青铜器的足都能损坏折断，不要以为有基础的事物就不会倒塌，没有永恒不变的，倒塌时，煮熟的饭也不能进口。

通过上述简单的例证，也可以获知《周易》阐述事物变化发展的观点，是变"易"，含有辩证哲理，没有永恒牢固不变的，物极必反，好事也能变成坏事，令人深思警惕。

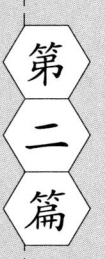

第二篇

十三问：传统说法先阴后阳，为何乾卦为首？

答：从古传下来的说法，是先说阴后说阳。《易传》曰"一阴一阳之谓道"；老子说"万物负阴而抱阳"；《庄子·天下篇》说"易以道阴阳"。宋代易学者说："太极动为阳，静为阴，先静而后动。"这是宇宙本体的大原则。民间对看阴宅阳宅的风水先生，称谓"阴阳先生"。谈话中，说些与内容无关的讽刺话，称谓"阴阳怪气"。

古代有三种《易经》，即《连山易》《归藏易》《周易》。汉代郑玄在《易论》中说出各自的时代："夏曰《连山》，殷曰《归藏》，周曰《周易》。"这三易都是由八卦的经卦组合成六十四卦，但卦的排列顺序不同。《连山易》以艮卦为首。《归藏易》以坤卦为首，因为殷商是母系时代的残余，坤为母为阴，先阴后阳。《周易》以乾卦为首，进入父系时代，乾为父为阳为首卦，先阳乾，后为坤阴，打破惯例。乾为天（老天爷）强调了精神支柱，在《周易》中出现多处关于"天"的论述。还可以从另外视角论述关于乾为天为首的重要性。因为《连山易》以艮卦为首，艮取象为山，折射出那时是游牧社会。到《归藏易》以坤卦为首，坤取象为地，已进入农业社会。《周易》把坤卦排在第二，以乾卦为首，乾取象为天，这显示古人已认识到天与地密切相关，而且天主导地，还统治人，人受命于天，强调天的核心作用，因此《周易》以乾阳卦为首。上述三种《易经》前两种已经失传，仅存《周易》。

十四问：一问乾坤父母用什么方法生育三男三女六个子女，再问夫妻如何生男或生女

一问：乾坤父母用什么方法生育三男三女六个子女？

答：八卦是八个方位，若象征一个家庭，乾坤父母各占一位，其余六个位置是三男三女，一家八口人。《说卦传》曰："乾，天也，故称乎父；坤，地也，故称乎母。震一索而得男，故谓之长男；巽一索而得女，故谓之长女；坎再索而得男，故谓之中男；离再索而得女，故谓之中女；艮三索而得男，故谓之少男；兑三索而得女，故谓之少女。"

上述的"索"是求的意思。以坤（☷）求乾（☰）：一索可得乾的初爻，成震卦（☳），卦画为五，奇数为阳为男，长男；再索即得乾的二爻，成坎卦（☵），卦画为五，奇数为男，中男；三索即得乾的上爻，成艮卦（☶），卦画为五，奇数为男，少男。以乾求坤：一索即得坤的初爻，成巽卦（☴），卦画为四，偶数为阴为女，长女；再索即得坤的二爻，成离卦（☲），卦画为四，偶数为女，中女；三索即得坤的上爻，成兑卦（☱），卦画为四，偶数为女，少女。因此由乾坤相索"生育"三男三女共六个子女，再加上乾坤父母，便占据八卦八个方位。孔颖达说："得父气者为男，得母气者为女。"

笔者在协助数学家华罗庚工作时期，因华老夫妻俩恰好生育三男三女，笔者与华老闲谈《周易》时，幽默地问华老："您和我师母怎样按八卦排序生育三男三女？"华老表态见附录一。

这六个子女是经卦，叠加搭配成六爻的重卦，还有些说法如下：

例如咸卦（䷞），卦辞说"咸亨，利贞，取女吉"，因为下卦为艮卦为少男，上卦为兑卦为少女。少男娶少女，所以卦辞吉祥。

如家人卦（䷤），卦辞说"家人，利女贞"，因为下卦为离卦为中女，上卦为巽卦为长女。因长女和中女年龄都较大、懂事，在家里还能相处，所以"利女贞"。

如睽卦（䷥），彖辞说"二女同居，其志不同行"，二女指下卦为兑为少女，上卦为离为中女。因女孩年龄较小，任性，二女同居，需要沟通，相互理解才能同行。

如革卦（䷰），彖辞说"二女同居，其志不相得，曰革"，这是睽卦的覆卦，即下卦为离为中女，上卦为兑为少女，二女同居要"革"新了。

再问：夫妻如何生男或生女？

答：由上述一问再深度挖掘内涵，可悟出生男生女的规律性如下：

1. 八卦的每一卦都是三爻，即三个元素。

2. 奇数为阳为男，偶数为阴为女。

3. 阳爻一横是一画为1，奇数，为男；阴爻一横中间断开是二画为2，偶数，为女。

4. 乾卦（☰）为三画，奇数，为阳、为男、为父；坤卦（☷）为六画，偶数，为阴、为女、为母。

5. 震卦（☳）长男、坎卦（☵）中男、艮卦（☶）少男都是五画，奇数为男；巽卦（☴）长女、离卦（☲）中女、兑卦（☱）少女都是四画，偶数为女。

6. 夫妻生男或生女，取决于三个元素（三爻）。若这三个元素相加之和为奇数，则生男；若是偶数，则生女。

7. 这三个元素分别是丈夫的年龄、妻子的年龄和选择怀孕的月份，都以农历计算……

笔者讲《周易》课时，曾详细介绍上述 7 中的数字及其阴阳并举例。不料，课后有位负责计划生育的领导问："准确率多少？"答：有意识让某妇产科按要求去统计三个元素的结论，准确率达 92%。这位领导严厉地说"这是破坏计划生育"，笔者才恍然大悟，再不细讲。感兴趣的读者若因需要去研究实践，则需要首先去研究若干对夫妻已生育的子或女，这是"果"；逆推怀孕的月份和夫妻怀孕时的年龄，这是"因"。由此得出生男或生女的规律性。读者若总结悟出这规律性，将赞叹"《周易》猜想"中的《周易》奥妙，赞叹《周易》丰富的内涵智慧、哲理和科学等，尤其《周易》深处隐含的秘密，这是笔者出此问答的目的。

科学已证实，人类的生殖细胞中有 23 对即 46 条染色体，其中 22 对为常染色体，一对为性染色体。女性的染色体为 xx，男性的染色体为 xy。卵子所含的染色体只有 x 一种，而精子所含分别是 x 染色体和 y 染色体。当含 x 染色体的精子与卵子相结合，受精卵子为 xx 型，则发育为女胎；当含 y 染色体的精子与卵子相结合，受精卵为 xy 型，则发育为男胎。因此生男生女主要是取决于什么类型的精子和卵子结合。这与上述八卦生男或生女密切关联，例如夫妻选择生男孩的月份，而夫妻的 x 和 y 不配合，该月不会怀孕；否则，若该月怀孕必是男胎。

十五问：《周易》有宗教信仰吗？

答：《周易》没有宗教，却有信仰。因为它的信仰，与传统的宗法宗教有本质的区别。从《周易》卦爻辞、从文学表意系统可以看出，它反映殷周之际以德配天的天命神学概念，相信天，天是一个最高的概念。因此，把乾卦排在首位。两个经卦乾叠加构成重卦乾卦。因此，乾卦是双重天。一个是物质的天，另一个是精神的天。即一个是自然的天，风调雨顺则五谷丰收；另一个是天命的天，是主宰人世的至上的神，人们可以通过道德行为获得天的保佑，天人感应。西方宗教说，宇宙的开始是由一位主宰上帝创造的，人类万物都是这位主宰创造的。而中国古文化只说人命源于天，如《中庸》说："天命之谓性，率性之谓道，修道之谓教。"人命归之于天，这个"天"并非是宗教观念的天，类似于形而上的符号，《周易》称之为"乾"，宇宙万物，都是从"乾"发生的，"乾知大始"，一切万物都是从乾而来。

殷周统治者，把其行使国家政权说是"天"的命令，遵照天命来统治人民。把"天"当作宇宙的至高无上的主宰。地上的帝王自命是"天"的儿子，称为天子，代天行事，影响深远。甚至演绎成近代皇帝下达命令时，也展示"奉天承运，皇帝诏曰"。

《周易》卦爻辞反映了上述时代信息。例如，师卦上六爻辞"大君有命，开国承家，小人勿用"，"大君有命"即"天"有命于圣人的意思，"开国承家"是指封诸侯，设都邑。又如大有卦九三爻辞"公用亨于天子，小人弗克"，"公用亨于天子"是说各诸侯、都邑都应对天的儿子"天子"朝贡。

《周易》提到"庙"。例如"萃"卦的卦辞"萃，亨，王假有庙，利见大人"，涣卦的卦辞"涣，亨，王假有庙，利见大人，利贞"，这是在"庙"里聚会，进行祭天、祭祖、社稷，并非是举行宗教仪式。又如升卦六四爻辞"王用亨于岐山，吉，无咎"，既济卦九五爻辞"东郊杀牛，不如西邻之禴祭，实受其福"，这些祭祀是祈求上天、祖先的保佑或感恩之举，一切吉利都是上天保佑获得。正如，大有卦上九爻辞说"自天佑之，吉，无不利"。

《周易》并未宣扬任何宗教，但《周易》文化具有宗教文化精神。因为有些文化与儒释道文化相通，尤其与道教文化融洽。有的学者认为宗教与文化本质相类的现象，二者的重心在文化上，所以近代、当代都有学者直接将儒释道纳入文化范畴，著书立说都有例证。

《周易》初始利用占筮，指导趋吉避凶，据上天指引走正路贞吉。《易传》使《周易》提高道德水平，创造性地加入新思想，《周易》由占筮步入阴阳辩证的哲学领域，扩大了文化层次的范畴，提出"《易》之为书也，广大悉备，有天道焉，有地道焉，有人道焉"，包揽了天地人三才之道，也恰好符合《周易》首二卦乾为天讲天道，坤为地讲地道，末二卦既济、未济讲人道（道德）。请不要忘记，《易传》有句因果醒世名言："积善之家，必有余庆；积不善之家，必有余殃。"这凸显末二卦是道德观。因为既济的"既"是已经，"济"是过河，既济是在人生的长河里已经过河到达彼岸终点站，日落西山，阳尽；但还要转世到未济卦阴间去过河。格言说，善恶不是不报，是时候未到，这"未"到就是未济卦。以往种下的"因"，在未济卦结"果"。因果预测是《周易》预测的杰出方法，主要是通过因推出果。因果关系是一种必然规律，"种瓜得瓜，种豆得豆"。这并非宣传迷信，而是敲响道德警钟，既要以法治国，又要以德治国。立德树人，具有现世意义。

《周易》留给后代因果醒世名言，这也是《周易》的信仰。

十六问：《周易》隐含宇宙生成的过程吗？

答：是的，有的学者是这样说的。学者猜想这种说法的理由应该是以太极图说事开始。太极图是阴阳鱼互抱。太极的含义在历史上有多种不同的解释。如唐孔颖达《周易正义》说："太极谓天地未分之前，元气混而为一。"天地未分叫混沌，宇宙混沌为一体。当代学者张岱年解释得更明白："太极即是天地未分的原始统一体，《系辞·上》以太极为天地之根源，这是一种朴素的唯物论观点。"（张岱年《中国哲学发微》）这说出太极产生了阴阳两极、天地。有了天地便促成世界、宇宙。太极图阴阳之间形成的曲线表示人。如此，太极图又表示"天地人"合一了。这与《周易》有关联吗？有，乾坤二卦的本性就是天地，不仅代表天地，还代表人。因为在乾坤卦爻辞中，有"大人""君子""王""主"，等等。由此推理，太极表示乾坤，乾坤由太极来，乾坤卦爻变化形成六十四卦，首尾相连是一个循环的圆。在卦变中种下的因，到末卦未济卦结果，生死轮回因果律，是循环的"圆道"，宇宙的日月运转是圆道，此圆包括椭圆。下面是杨力教授在《周易与中医学》中所说：

《周易》强调的是圆道，目前有学者强调《周易》圆道观与中医思维密切相关，刘长林提出《周易》蕴藏着圆道规律。所谓圆道，指宇宙存在着圆的运动和规律，《周易》六十四卦是一个大圆，每卦六爻是一个小圆，一切都充满着圆的循环。正如《易·泰卦》所言："无平不陂，无往不复"，《易·系辞》曰："往来不穷，谓之通""日往则月来，月往则日来……"都反映着圆道的现象，太极图可以说是圆道的缩影，蕴含着圆的循环。《周易》圆道是一种动态循环，一切都存在着周期性的往复……中医时间医学，也是《周易》循环论圆节律的具体反映。

上述末句提出中医时间医学和《周易》循环论圆节律。在圆节律中最著名的是"七节律"，又名"七日节律"，适用多方面。如动物或人诞生，按"七日节律"进行。鸡蛋孵出小鸡是三个"七"（21），鸭子是四个"七"（28天），人是四十个"七"（280天）。一个月是四个"七"（28天），猫是三个月，狗是四个月，俗话说"猫三、狗四"（这不指生育期，而是猫生育后第三个月发情可以交配，狗是四个月）。笔者讲《周易》课与学生互动时，讨论"七日节律"有多种说法。其中一位基督徒学生说，这"七日节律"来源于《圣经》上帝造世界共用六日，第七日休息，所以一个星期是七日，第七日是星期日放假休息，全世界各国遵守"七日节律"。这引起热烈讨论。这位学生又接着说《周易》复卦卦辞："亨，出入无疾，朋来勿咎。反复其道，七日来复，利有攸往。"卦辞说，出入没有疾病，朋友来了也没问题。要改正错误，外出走正道，往返七日便可回来，以后可以如此往来。请注意，《象传》曰："反复其道，七日来复，天行也。"这是说，只要走正道，不用担心外出，七日就可以返回来（提出七日）。这里"天行也"即天道运行，运行七日一周。因此《周易》相信天，"自天佑之"，是尊重或预测到"七日节律"。还有震卦六二爻辞："震来厉，亿丧贝，跻于九陵，勿逐，七日得。"爻辞说，震雷突来很危险，逃亡陵山，丢失了钱财物品，不用去追找，七日会返回复得（提出七日）。还有既济卦六二爻辞："妇丧其茀，勿逐，七日得。"爻辞说，妇人丢了头饰，不用特意去找，七日会得到（提出七日）。上述这三个例子，计算日数，没用其他数字，只提"七"日，七日节律是一周，休息日。再看，《周易》六十四卦，除乾坤外，都是六爻。《周易》作者念念不忘"七日节律"，为了更尊重"七日节律"，特意安排《周易》起始最重要的乾坤首二卦各"七"爻，这预感到《圣经》"七日节律"相呼应。

这位学生又解读，说每爻为一日，六爻为六日，有爻辞，有爻位即工作岗位，因六日在工作；第七爻即第七日休息，仅有爻辞，没有爻位，因不工作不在岗位上，是休息日。这"七"也是七字文化，《周易》作者别具匠心。

《周易》和太极密不可分。《系辞·上》提出"易有太极，是生两仪，两仪生四象，四象生八卦"的太极分化模式以来，"二"的倍数是一个基本量，被概括为"一分为二"或"加一倍法"。这是太极化天地万物，是二、四、八的"二"的倍数法则。这阐述太极生两仪（阴阳）继续生出四象、八卦、六十四卦（周易）。谁生的太极呢？是"易"，因为"易有太极"，而"易"是易道。《易传》说易道是"天地人"之道，而"天地人"之道，正是《周易》含有的。难道《周易》能生太极？这二分法很难确切回答。但中国哲学同时期有一种天地万物生成法则，即"三"生法。《老子》的"道生一，一生二，二生三，三生万物，万物负阴而抱阳，冲气以为和"可推导为"三"字法则，由此可知"道生一"。著名易学者虞翻说："太极，大一也，分为天道，故生两仪。"这是说，"太极"是"大一"，"太"是"大"，极是极限，整数最小下限是数字"一"，上限是无穷大。此"一"就是"道生一"的"一"，是阴阳合抱的太极图，分开是阴和阳为二，是天地，二生三，三生万物是世界万物，即宇宙。显然此"一"是太极，由太极产生了宇宙万物，太极是宇宙的缩影。此"一"是"道"生的。"道"是谁？是什么？笔者讲课此时又引起热烈讨论。有的学生说是"无"，有的说"无中生有，有中生无"。由《周易》和太极，讨论到宇宙的形成，都在"《周易》猜想"。此时，这位基督徒学生拍拍桌子，请各位安静，他高声说"道"是上帝，老子说的一二三是暗示上帝造世界万物七日的过程，与"七日节律"有关，这是哲学。

十七问：我国男女性别比例失调，《周易》想说什么？

答："一阴一阳之谓道"，《周易》的阴阳理论，是《周易》的专利，是《周易》拥有哲理的定海神针，是《周易》的灵魂。阴阳是互根互补，缺一不可，阳无阴不立，阴无阳不生。阴阳存在于万事万物，伴随着万事万物在运动变化。《周易》六十四卦，乾坤首二卦的乾卦纯阳，坤卦纯阴，都不平衡。从首二卦六爻运动变化，到末二卦的既济卦，阳爻在阳位，阴爻在阴位，既得位，又中正，已平衡，是运动的结果。世界上万事万物的运动都是为了维持事物的平衡，是相对的平衡，是动态的平衡。《周易》六十四卦就做出了榜样，共386爻，阴爻和阳爻各占一半，即阴阳爻各为193，阴阳平衡。阳爻可象征男性，阴爻可象征女性，便发出警告，我国男女人口性别比例失调。2007年1月国家计生委开会宣布到2020年，中国20—45岁男人比女人多三千万。联合国有关组织设定的人口性别比的正常值，男：女＝103～107：100。根据2010年第六次人口普查结果，男女比例为男118.08：女100（平均数），最高的省份为130：100。相关报导说中国人口男女性别比例失衡，2020年将有三千万光棍。这是重男轻女造成的，早已引起我国有关领导的重视，采取一些措施，不许人为干预性别出生，应按自然规律生育。由此可知，《周易》的阴阳论已渗透到社会多个领域，与民生密切关联。

十八问：为什么是买东西不是买南北？商人名称的由来是怎样的？

答：中国古代地图的方向是上南下北，左东右西，与西方地图的方向相反。近代受西方地图的影响，才改为西方地图的方向，即上北下南，左西右东。八卦的方向与古代地图方向一致，例如周文王的后天八卦是：左东为震，五行属木；右西为兑，五行属金；上南为离，五行属火；下北为坎，五行属水。古代外出携带盛物品的篮子，通常是用藤、竹、柳条编织的。若买南北是水火，火使篮子燃烧，水被篮子漏掉，水火又不实用。若买东西是木金，木制品和金属制品又很实用，装在篮子里携带也方便，所以说买东西，不说买南北，东西作为代名词用。据记载，唐朝建都长安，长安城东、西为商业区，也符合"买东西"的商业布局。

商人名称的由来，据有关记载，周武王灭商纣王，建立周朝，商朝灭亡，商朝一些人流浪在外（"亡国奴"），为了生活，做些物品交换、买卖活动，因是商朝遗民，被称为商人，低人一等，不被重视。古代民众在社会上的地位排列为"士农工商"，"士"排在首位，因是科举制度，走仕途，能从秀才到状元，把"商"排在末位，不被重视，最低等级。

十九问：若普及《周易》，公厕的标识能比巴黎公厕标识更简明吗？

答：笔者早年去法国巴黎，对巴黎公厕好奇，不是因为它收费，而是有的公厕男厕标牌是"艾菲尔铁塔"，女厕的标牌是"凯旋门"。如果我国普及《周易》到家喻户晓，我国的公共厕所的男厕标牌可考虑设定为一横的阳爻（—），女厕的标牌为一横中间开口的阴爻（--）。这比巴黎公厕男女的标牌更形象、更幽默也更简明。这需要普及《周易》知识，否则"周易盲"不识标牌，去公厕误入禁区，可能被认为是"流氓"。又一例子，2019年全国高考理科数学有一道题是，计算《周易》重卦中有三个阳爻的概率是多少？这也需要普及《周易》基础知识。在中学语文课本里就应该有国学《周易》知识。《周易》已进入高考题。

事实是，我们生活在《周易》文化中。孔子读《易经》体会说"百姓日用而不知"，我们学习《周易》会知道每天生活与《周易》有关联，不学《周易》不知道。孔子又说"一阴一阳之谓道"。这是"易"道，"易"字上为"日"下为"月"，日月为阴阳，我们生活在阴阳变化的岁月里。"日出而作，日落而息。"每日三餐，民以食为天，都用筷子。筷子长七寸六分，代表七情六欲，一头方，另一头圆，天圆地方。象征乾坤二卦，乾为天为圆，坤为地为方，筷子恰是"天圆地方"。筷子圆头入口，代表民以食为天。"道生一，一生二"，一双筷子分二根，代表一阴一阳，相互依赖，缺一不可。"阳无阴不立，阴无阳不生。""二生三"，筷子夹住食物为"三"；"三生万物"，任何可口的食物（万物）都可入口。"三"是阴阳交合、互动，才能产生万物。一双筷子，是一分为二，合二为一。这是由一双筷子阴阳为例，是"入口"。厕所是"出口"，男女厕所用阴阳爻标识，难道"百姓日用而不知"吗？这是用趣谈通俗小事来理解大道理。

二十问：为什么《周易》明夷卦有多种解读？

答：《周易》明夷卦，关于"明夷"二字，古今有多种解读。从字面上解读"明"是光明，"夷"是灭、平息（如夷为平地），显然"明夷"是日落地下，黑暗时期。但六五爻辞"箕子之明夷"，颇有故事。箕子是纣王叔叔，他多次进谏，纣王拒谏不听，箕子不忍离开故国，但又要坚守正道，就装疯隐退。但孔颖达说"箕子之明夷"，即《尚书大传》说的"箕子不忍周之释，走之朝鲜"，箕子到朝鲜去。即"明夷"二字是"朝鲜"，此论罕见。但朱彦民先生在《国际易学研究》中的《〈易经〉"明夷"卦新解》中，却有根据指出"明夷是朝鲜"，摘录如下。

《易经》"明夷"（☷ 坤上离下）六五爻辞有"箕子之明夷"，自汉至今，虽众说纷纭，却不得其解。有人不承认箕子，如汉人赵宾认为"箕子"是"荄兹"，清人惠栋又说成是"荄子"，焦循则理解成"其子"，今天的解《易经》者甚至认为，"箕子"是"籖箕中的籽粒"（窦玉杰、窦恺《诠释易经》，网络版）。

"明夷"这个词也被拆开解释，如传统解释"离为明，坤为顺"。战国时的《象》《彖》、唐人的《疏》也说"明，日也""夷者，诛也；诛者，伤也""明入地中""闇主在上，明经在下""夷之初旦，明而未融"，等等。所以古人解释"明夷"，就是光明受伤。《序卦》曰："晋必有所伤，故受之以明夷。夷者，伤也。"《集解》引郑玄曰："夷，伤也。日出地上，其明乃光，至其入地，明则伤矣，故谓之明夷。"又引《九家易》曰："日在坤下，其明伤也。""日没入地，光明受损，前途不明，环境困难，宜遵时养晦，坚守正道，外愚内慧，韬光养晦。"简言之，有人主张"明夷"是一种鸟（如高亨、张立文都以为"明夷即鸣雉"），有人认为"明夷"表示明白地了解夷人，有人说"明夷"是一种大弓（鸣弓）的名字，有人说"明夷"如言明灭。清初大儒黄宗羲著有《明夷待访录》一书，也是自比"如箕子之见访"而愿向新王陈述治国"洪范"，而对"明夷"一词的误解而用之；而近世学问大家顾颉刚先生在这个词的解释上也颇为犹豫。

只有易学家李镜池先生认定"明夷"是一个地理名词，认为"明夷，东方之国，日出处"（李氏《周易通义》），但也未明确其义何指。况且李氏认为"明夷"在另一条爻辞里解释为"鸣鹈"的通假（李镜池《周易探源》）。当代解易经者大多因循旧说，未能清楚地解释该词的意义，近来有人将"明夷"解释为"太阳之国"或"来自太阳升起地方的民族"，虽有新意，但未能说明为何如此解释。

王玉哲先生由甲骨文"朝"字的考释而指出，"明"实际上是古文字的"朝"，《易经》中的"明夷"即"朝夷"即朝鲜。从字面看，"朝""鲜"二字也都有明义。《说文》："朝，旦也。旦，明也。"《周易·说卦传》："震为蕃鲜。"孔颖达疏："鲜，明也。""箕子之明夷"，即《尚书大传》所说的"箕子不忍周之释，走之朝鲜"。"箕子到朝鲜去"，就是文献所载的武王封箕子于朝鲜的史实。春秋战国燕国之货币"明刀"铭文中的"明",或释为"易"字,实即"朝"字。箕子分封的朝鲜,与燕国之初封一样,初在易水流域,易字即"明"字之讹。《说文解字》引《秘书》说:"日月为易,象阴阳也。"后来,燕国征伐朝鲜,于是箕子后裔之一支,东迁至今朝鲜半岛一带。

至此,经典解释与历史事实相结合,困扰学术界千百年的学术公案,由此字的考释也得到了圆满的解决。

王先生的甲骨文字考释,正如"朝"字的考释一样,不是为了考字而刻意地去考字,而是通过考字而解决历史问题,有些还是非常关键的历史学课题。

但是,这样一个观点对于明夷卦中的六五卦爻"箕子之明夷"可以解释得通了,而对于其他卦爻,比如初九"明夷于飞,垂其翼。君子于行,三日不食,有攸往,主人有言",六二"明夷,夷于左股,用拯马壮,吉",九三"明夷于南狩,得其大首,不可疾贞",六四"入于左腹,获明夷之心,出于门庭",等等,究竟该如何解释,而成为贯通,则还需要进一步研究。

笔者认为上述对"明夷"两种解读,一为"日落地下",又一为"朝鲜"。六五爻辞"箕子之明夷",解读为"箕子走之朝鲜"。对卦辞"明夷,利艰贞",也可解读为箕子去朝鲜行得通。但对其他爻辞则无法如此解读。若换一种思考,古人可一字多义,即"明夷"二字在本卦有二义,在卦爻辞中,由于语义不同,可译为"日落地下"或"朝鲜"。

二十一问：为什么泰卦和否卦的卦象违背宇宙自然现象？

答：泰卦（☷☰）是由经卦乾下坤上组成，乾为天坤为地，即天在下、地在上，地在天之上，与自然现象违背，反而是"泰"卦；否卦（☰☷）坤下乾上，是天在上、地在下，是正常分布，反而是"否"卦。但是，《说卦传》把八经卦八种自然现象抽象为八种属性。天的属性是刚健，地的属性是柔顺……从而把八经卦转变成八种抽象的象征。这样泰卦的乾下坤上，就不用地在天上来解释，而把天与地的本身转化为天地之气，乾之阳刚之气上升，与坤之阴沉之气下垂，如此坤阴气下降、乾阳气上升，上下二气相迎交融为"泰"；若上下二气背道而驰、阴阳不交融为"否"。孔颖达《周易正义》说："天地之气交而生万物，物得大通，故云泰也。"程颐《易传》："天地交而阴阳和，则万物茂遂，所以泰也。"换句话说，从阴阳角度来说事。乾天属阳，阳气上升，坤地属阴，阴气下降，泰卦乾下坤上，则乾阳上升，坤阴下降，二者相向而行交合为"泰"。否卦坤下乾上，坤阴下降、乾阳上升，二者背道而行不交合，故为"否"。

再从另一角度即从卦象解读，泰卦乾下坤上，下为内，乾男在下在内在家，娶在上在外的坤女到丈夫家，这是父系社会，比否卦坤下乾上男到女家的母系社会进步，称为"泰"；反之为否。

二十二问：孔子读《易经》写《易传》是否也有误解之处？

答：孔子根据解读《易经》的心得体会写了《易传》，对以后解读《周易》起到了绝对的引导性作用，似乎绝对正确。但"智者千虑必有一失"，《易传》中也有一些值得商榷或纠正之处。例如《周易》排序第三卦的屯卦上六爻《象》曰："泣血涟如，何可长也。"众多人跟随解读说，男儿求婚失败，悲痛流泪，哪里可以长久呢？把全卦否定，求婚失败。笔者说非也，理由如下。

屯（☳震下坎上）：屯，元亨利贞。勿用有攸往，利建侯。

初九：磐桓，利居贞，利建侯。

六二：屯如邅（zhān）如，乘马班如，匪寇婚媾，女子贞不字，十年乃字。

六三：即鹿无虞，惟入于林中。君子几，不如舍，往吝。

六四：乘马班如，求婚媾，往吉，无不利。

九五：屯其膏，小贞吉，大贞凶。

上六：乘马班如，泣血涟如。

卦辞说：屯卦大为亨通，吉利。"勿用有攸往"是不要到处去追求，看准一条路走到底亨通、利建侯。显然，这卦辞已预告求婚成功。男方骑马班如去女方家三次，是在六二、六四、上六，都是在偶数二四六阴位，对女方既中正又得位、得中，突出对女方吉利。南怀瑾先生在《易经杂说》里说"乘马班如"是："骑马，而且班如，后面还有一群人跟着，这样的派头去求婚，一定成功。"仅在初次即六二爻男方乘马班如去女方家求婚时，女儿虽心里愿意，却对父母撒娇说：不急，"十年乃字"。男方返回思考失败原因。《周易》作者插入六三爻打猎追逐鹿跑进森林，没有向导入林中会迷路。男方醒悟求婚要有做向导的媒婆。因为媒婆的巧嘴，比男方跑断了腿有用。于是男方带领媒婆乘马班如六四爻去女方家，六四爻辞："乘马班如，求婚媾，往吉，无不利。"显然往吉，既然"无不利"即没有不利的，当然求婚成功。随后送上礼品，订婚了。男方九五爻中正、九五之尊有信心已订婚，"屯其膏"积累资金，准备娶亲。男方第三次乘马班如在上六爻去女方家迎接新娘，上六爻辞："乘马班如，泣血涟如。"此时刻新娘哭得令人痛心"泣血"，是新娘告别父母养育之恩，难舍难离。古代甚至近代有些地区乡俗，女儿做新娘要离开父母到男儿家，惜别之情必须哭，否则没有感情，而且要哭出声响，俗称"哭嫁"。父母也哭，亲属也要陪同哭，哭得越厉害越好，"涟如"是哭声连连不断。另一喻意，新婚是喜事，在上六爻是屯卦极点，乐极生悲，流的泪是喜泪。男儿娶亲成功！

再从卦象来看，屯卦，下为震为雷，上为坎为水。惊雷唤醒万物，水能滋生万物。卦象寓意万物复苏获得新生。女人似水，惊雷必使上面坎水降落成甘雨，滋润屯卦里的艰难的男儿，因此，婚姻成功，成为夫妻。

也可再从卦爻辞和爻位上分析，成功有三个理由：其一是，卦辞用乾卦的卦辞"元亨利贞",让男儿继承乾卦"天行健,君子以自强不息"的精神去追求婚姻,会成功。其二是,《周易》作者巧妙安排,男方为婚姻三次去女方家,是在六二、六四、上六,都是阴爻阴位,既得位,六二又中正、得中,对女吉。尤其最后一爻即上六爻男儿娶亲时,阴爻在阴位对女子最为有利,婚姻应该成功。其三是,更巧妙地安排男方"三"次去女方家,中华传统文化的"三"字是吉利数字,表示众多、成功之意。宋代邵雍在《观物外篇》说:"《易》有真数,三而已矣。"把"三"视为真数。例如:三顾茅庐;三国演义;三字经;三人同行,必有我师;太极图里的阴阳鱼和阴阳之间"S"曲线为"三";天地人三才;老子说"三生万物";五行是金木水火土,有的起名公司以命理缺什么五行,便在名字上添加上,甚至把五行字写"三"个叠加成一个字,如缺金,便加入"鑫","三"个金,金钱更多,缺木加入"三"个木为"森",等等。由上述可知,男方"三"次"骑马班如"去女方家求婚娶亲应成功!

以上仅以屯卦男儿求婚为例,屯卦还可隐喻其他事物,在此省略,仅对婚媾成功表态。这与孔子释意的结论正相反,也可能笔者错误。但南怀瑾先生在《易经杂说》里说:"不要以崇拜性的观念认为前人一定是对的,这样就不科学了。"《周易》是不朽的巨著,其作者巧妙的构思和排序,有深层次的蕴义,把乾坤排在首二位是天地,第三卦屯卦是婚姻、是人的作为。如此前三卦是天地人三才。天地成功了,作者会让人配偶失败三缺一吗?郭沫若在《周易时代的社会生活》中认为,古代的数字观念,以"三"最为神秘,因此用"三"个阴阳符号相错构成八卦,八卦相重而成六十四卦。若新时代解读《周易》,乾坤是国家领空、领土,即乾坤可象征一个国家。国家的基础是家庭,小国家至少有一个家庭,国家是千万家。乾坤形成国家,紧接乾坤是屯卦构建婚姻家庭,从道理上讲能让它失败吗？《周易》作者若直言写出求婚成功或失败，那就不称为《周易》了！反而故意在屯卦最后一爻的上六爻写"泣血"，这二字是谜语的关键！让后人去猜，这"泣血"是男儿求婚失败流的血泪吗？或是女儿在"哭嫁"时，怀着感恩之情惜别父母而流的泪水，甚至动情地流出血泪？或是作者让女方在上六爻乐极生悲，哭的是喜泪？

二十三问：你知道大文豪苏轼如何解读《周易》吗？

答：苏轼是著名的宋词作家，大文豪，人们忽略或并不知他还是著名的易学家。他酷爱《周易》，对《周易》的研究和解读重点放在"推阐理势"，重在义理，独显特色，令人敬仰。请看史少博先生精彩论述如下。（选自史先生《苏轼易学与王弼易学之比较》一文，有评论，有删减，欲知详情看原文）

纪昀在《四库全书总目提要》中认为：《苏氏易传》一书乃是三苏合力为之。三苏是指北宋中后期的苏洵（1009—1066）、苏轼（1037—1101）、苏辙（1039—1112）父子三人。据王水照先生考察，《苏氏易传》中苏轼贡献最大。因为苏轼字子瞻，又名大苏、苏东坡，号东坡居士，故又称为《东坡易传》，由此"《易传》可视为苏轼的个人著作，是他的哲学思想体系的集中表述"。我（本文作者）也比较赞成王水照先生的观点，故主要从《东坡易传》挖掘了苏轼的主要易学思想。

一、苏轼注重义理

"苏轼的易学独树一帜。陆游称：'自汉以来，未见此奇特。'代表了一种与周敦颐、程颢的性命之学以及与李觏、欧阳修的经世之学迥然不同的学风，把重点放在'推阐理势''发明爱恶相攻，情伪相感之义'上面。这是一种自然主义的易学倾向。"苏轼解《易》擅长"推阐理势"，即表达个人观点而不拘泥于文句和旧说。他说："夫论经者，当以意得之，非于句意之间也。于句意之间，则破碎牵蔓之说，反能害经之意。孔子之言《易》如此，学者可以求其端矣。"苏轼解《易》注重义理，例如《东坡易传》中记载东坡解读《周易》乾卦时，如何阐述卦辞"元亨利贞"，以及七个爻"潜龙勿用、见龙在田、终日乾乾、或跃在渊、飞龙在天、亢龙有悔、用九群龙无首"等如下："'潜龙勿用'，阳气潜藏。'见龙在田'，天下文明。以言行化物，故曰'文明'。'终日乾乾'，与时偕行。'或跃在渊'，乾道乃革。'飞龙在天'，乃位乎天德。'亢龙有悔'，与时偕极。乾元，'用九'，乃见天则。天以无首为则。'乾、元'者，始而亨者也。'利、贞'者，性情也。乾始能以美利天下，不言所利，大矣哉。大哉乾乎！刚健中正，纯粹精也。六爻发挥，旁通情也。'时乘六龙'，以御天也。'云行雨施'，天下平也。君子以成德为行，日可见之行也。君子度可成则行，未尝无德也。故其行也，日有所见；日可见之行也。'潜'之为言也，隐而未见，行而未成；是以君子弗用也。君子学以聚之，问以辩之，宽以居之，仁以行之。《易》曰：'见龙在天，利见大人'，君德也。九三重刚而不中，上不在天，下不在田，故'乾乾'，因其时而'惕'，虽危无咎矣。九四重刚而不中，上不在天，下不在田，中不在人，故'或'之。'或'之者，疑之也，故无咎。"其中足以看出苏轼解易把重点放在"推阐理势"、阐述义理方面。这仅举例乾卦，其他亦然。

二、苏轼解易独特观点

苏轼认为："圣人之道，存乎其爻之辞，而不在其数。数非圣人之所尽心也。"苏轼又说："《易》者，卜筮之书也。挟策布卦，以分阴阳而明吉凶，此日者之事，而非圣人之道也。"但是他反对将《周易》作卜筮之用，他说："《易》者圣人所以尽人情之变，而非所以求神于卜筮也。"晁公武《郡斋读书志》也说苏轼："其学出于父洵，且谓卦不可爻别而观之。其论卦，必先求其所齐之端，则六爻之义，未有不贯者，未尝凿而通也。"注重卦体，同样也重爻，苏轼在"爻别而观之"中，分析爻之意的时候，通过乘承、比应、刚柔、阴阳、进退等爻位说来分析其中所蕴含的深意，由此形成爻和卦之间的思想呼应，可以说，这也是苏轼以义理解《易》而不废象的重要体现。因为解读《周易》卦爻时，用乘承、比应、刚柔、阴阳、进退等方法，其中也是象数派用的方法；在上述（一）中突出东坡解读《周易》用"义理"，在此也用"象数"。可知东坡解读《周易》视野开阔，应用"象数理"多方面解读《周易》。

可以说苏轼认为圣人通过卦爻的组合来表达易理，主要有四种方法：（1）取象，如讼卦（笔者注：讼卦䷅卦象是坎下乾上。坎为水，中国地势是东低西高，大江河都是由西往东流，名句是"一江春水向东流"；乾为天，天体运转太阳由东向西行，与坎水反方向，不和，故为"讼"即打官司）；（2）取爻，如履卦；（3）取变，如噬嗑卦；（4）取刚柔相易，如贲卦。由此苏轼"不仅是对王弼思想的继承发展，也是对孔颖达分析《象传》三种体例的一种继承和发展"。

王弼注重借助一爻为主和二体说来分析卦义，孔颖达则发展了王弼之说，之后苏轼则汲取王、孔之见作了进一步的完善。可以说多种方法的运用，反映了当时义理易学和象数易学之间的融合。苏轼通过简明的语言，来表达自己独到的观点，融合象数而阐明义理，在宋易中有着重要的贡献。（笔者认为苏轼虽重义理，却不扫落象数，是象数理并重，类似于朱熹。但与朱熹不同的是，苏轼虽然认为"《易》者，卜筮之书也"，但是他不把《周易》作为占筮之用。）

三、苏轼以郭象之庄解易

苏轼非常喜欢庄子，他曾说："吾昔有见于中，口未能言，今见《庄子》，得吾心矣。"苏轼解易承袭了郭象以庄注《易》的传统，融入了佛教的"空""无"思想。苏轼认为："天地一物也，阴阳一气也。或为象，或为形，所在之不同，故在云者明其一也。……在天成象，在地成形，变化之始也。"（在天成象，在地成形，这简短字句，概括了天地形象融为一体，这是"天地人"合一的易理，影响了苏东坡文学词的创作，详见再问"《周易》影响到苏轼的词作品吗？"）苏轼指出了世界万物"变"是永恒的，而"物未有穷而不变者，故'恒'非能执一而不变，能及其未穷而变尔。穷而后变，则有变之形，及其未穷而变，则无变之名，此所以为恒也。"（笔者认为苏轼强调事物都在变，符合《周易》的"易"字，"易"字的解读本书已提过：一是该字由日月组成，日与月每天运行变化明与暗；又一说"易"是蜥蜴的"蜴"，是动物变色龙，肤色随环境变化。）

苏轼又用"水"之变化以形象说明阴阳始交的宇宙生成规律："阴阳一交而生物，其始为水。水者，有无之际也。始离于无而入于有矣。老子识之，故其言曰'上善若水'，又曰'水几于道'。圣人之德，虽可以名言，而不囿于一物，若水之无常形。此善之上者，几于道矣，而非道也。若夫水之未生，阴阳之未交，廓然无一物而不可谓之无有，此真道之似也。阴阳交而生物，道与物接而生善，物生而阴阳隐，善立而道不见矣。"由此看出苏轼认识了水的灵活性与玄妙性，水"不囿于一物"，水无常形，也体现了顺应自然规律的自然之道。阴阳是《周易》哲理的核心，苏轼阐述阴阳相交产生水，"上善若水"是用水表征人的品格的高尚，有高就有低，另一层含义水往低处流，为人要谦卑。上述说"苏轼认识了水的灵活性与玄妙性"，把水装在不同的器皿里，其形状随外部器皿的形状而变化。水，折射出苏轼为人能伸能屈。官职和他的文学诗词，曾春风得意，如同"高山流水"。在宋神宗元丰初年，他被诬告作诗词诽谤皇帝而被入狱。出狱后被降职带领全家流放到黄州（今湖北黄冈），生活所迫，在黄州东门外一块山坡耕种维持生活，号称"东坡居士"。苏东坡的"东坡"名称由此而来。这时期从"高山流水"流水流入人生低谷。由于阴阳互补产生人，苏轼据易学阴阳产生的水，用水的特性暗含他的人生，能上能下，能伸能屈。他对弟弟子由说："吾上可陪玉皇大帝，下可陪卑田院乞儿。"在《东坡易传》中苏轼说："圣人知道之难言也，故借阴阳以言之，曰一阴一阳之谓道。一阴一阳者，阴阳未交而物生之谓也，喻道之似，莫密于此矣……阴阳之未交，廓然无一物，而不可谓无有，此真道之似也。阴阳交而生物，道与物接而生善。"他把"道"看成是阴阳未交的状态，而这种状态不是虚无，而是包含一切的"有"，这里的"道"，不同于王弼所言的"无"，是一种抽象的"有"。这里苏轼由于受到了庄子无为思想的影响而把易道本质看成无思无为、寂然不动的状态。并且苏轼在以庄子解《易》的过程中，对无思无为的自然之理又作了进一步阐发和说明。

再问：《周易》影响到苏轼的词作品吗？

答：大文豪苏轼（苏东坡）酷爱《周易》，他的词也受到《周易》的熏陶。仅举二例如下：

例一：《水调歌头》

明月几时有？
把酒问青天。
不知天上宫阙
今夕是何年。
我欲乘风归去，
又恐琼楼玉宇
高处不胜寒。
起舞弄清影，
何似在人间？

转朱阁，
低绮户，
照无眠。
不应有恨，
何事长向别时圆？
人有悲欢离合，
月有阴晴圆缺，
此事古难全。
但愿人长久，

千里共婵娟！

笔者分析，苏东坡著名的词《水调歌头》，是受《周易》乾坤二卦熏陶而成。乾是纯阳为天，坤是纯阴为地。乾坤是阴阳，是天地框架，是意境。苏东坡用妙笔、用豪迈浪漫的情怀充实这框架，散发天人合一的理念，这是"易"学追求的最高境界。

该词第一行"明月"，第二行"青天（日）"，这日和月构成"易"字即《周易》。第三行"天上"，又加入人的元素即第五行"乘风归去（人）"和第一段末句"人间"，这是天人合一，是把乾坤天地和人融为一体，散发天地人豪迈情怀，这是词的第一段中的乾坤天地人。

第二段是《周易》的阴阳哲理："人有悲欢离合，月有阴晴圆缺。"阴阳是《周易》作为辩证哲理的定海神针，是《周易》的专利。此二句是词的核心部分，验证了贯穿《周易》思想主线的阴阳"变"字："悲欢离合，阴晴圆缺。"这两句的阴阳变化是指"人"和"月"，即"但愿人长久，千里共婵娟（月）"。而"人"和"月"也是"天人合一"，与第一段"天人合一"浪漫情怀吻合。阴阳伴随乾坤，这是该词的第二段。

例二：《江城子》

十年生死两茫茫，
不思量，
自难忘。
千里孤坟，无处话凄凉。
纵使相逢应不识，
尘满面，

鬓如霜。

笔者认为，《江城子》是苏东坡用《周易》末二卦追念他逝去的夫人王氏。前三行是既济卦，第四行是未济卦，第五行是生死轮回，"生生不息"，又见面了。

以上选苏东坡二首词，其意境是《周易》首二卦和末二卦，也是《周易》最重要的四卦。天、地、生、死，这四个字是该词的主题。由此可知《周易》对苏东坡词的影响，由此也可知《周易》与文学有关联。由二十三问答获知，苏东坡也是易学家，《周易》对他的词有影响，因此进行上述剖析。

《周易》本身有些卦爻辞是古代的诗歌，用古代的发音朗读押韵，朗朗上口，意境深远，是"诗歌易"，例如中孚卦等。近代出版的一些《周易》著作与文学密切关联。《周易》是群经之首，华夏文化之根，不仅是一部杰出的东方哲学著作，还含有文学色彩。例如《周易》作者有意识地安排末卦为死（另一个世界），与首二卦乾坤诞生的天地为生相呼应，前呼后应，生死首尾呼应，生死阴阳两个世界，有生必有死，有死必有生，周而复始，生生不息，别具哲学匠心、文学构思。如同陀思妥耶夫斯基文学名著《罪与罚》，书名是书中描述人生的主题，书末尾声告诉人们从一个世界，将进入另一个世界的故事。详见第八问中的（八）。

二十四问：宋代朱熹对《周易》有哪些独特的解读？

答：关于朱熹解读《周易》的文章有多篇，其中最精辟的应是郑万耕先生的论述，摘录如下，其中含有笔者评论。

朱熹是宋代理学大师，在易学及哲学史上占有重要地位。其易学著述十分丰富，主要有：《易学启蒙》《周易本义》《蓍法考误》《太极图说解》《通书解》等。《易学启蒙》乃初学《周易》的入门之书，在于介绍一些有关筮法的基本知识，解读筮法中的象数，帮助学者了解《周易》一书的本来面貌。《周易本义》是对《周易》经传所做的注解，其目的亦在于说明易本卜筮之书，但重点在于解说卦爻辞，其特色是注重文义，言简意赅，未通之处宁可存疑，也不穿凿附会，表现了一种严肃的科学态度。

上述朱熹著作《易学启蒙》有"易学"二字。笔者讲课时有些学生提问易学与《易经》（即《周易》）二者的区分与关联，有多种说法。《易经》是易学的基础，易学是研究《易经》时的《易经》的延伸，延伸到与阴阳五行天干地支混成了术数、预测、风水等分支，虽然牵强附会，但可以说《易经》是易学，不能说易学是《易经》。例如《易学启蒙》是给初学者介绍有关筮法的基本知识，解读筮法中的象数等，帮助初学者《易经》入门，这是用易学解读《易经》，这种思路和名称很新颖。《红楼梦》是名著，吸引研究《红楼梦》的学者，称为"红学者"；《易经》也是名著，吸引研究《易经》的学者，称为"易学者"。朱熹不仅是文学家，也是易学者。易学是个大舞台，与《易经》无密切关联也高举《易经》大旗，在该舞台周边表演，若在该舞台中心表演，必然是《易经》。朱熹上述诸多著作，都树立在该舞台的中央。

1. 提出"易本卜筮之书"的论断，视《周易》经传为既有联系又有区别的两种著作，是对传统观念的一种突破。汉代以来，易学史上对《周易》的解释，都是经传不分，以传解经，并将《周易》一书逐步哲理化了。到了宋代，由于易学家将《周易》视为讲哲理的教科书，特别是《程氏易传》，突出以义理解易，遂使《周易》作为占筮典籍的本来面貌被湮没了。朱熹在欧阳修易说的影响下，重新研究了《易经》和《易传》的关系，区分了经和传，以经为占筮的典籍，传为后人讲义理或哲理的著述，认为从经到传有一发展过程，即由占筮吉凶到讲说哲理的过程，从而提出了"易本卜筮之书"（《语类》卷六六）的论断。所以，其对卦爻象和卦爻辞的解释，即贯彻了这一指导思想，着眼于占筮之事和吉凶之由，企图恢复《周易》的本来面貌。其《周易本义》每卦每爻之注，几乎都有这样的辞句："占者"如何如何，"其占"如何如何，"其象占如此"，等等。不仅如此，其对传文的解释，也着眼于筮法。（笔者认为朱熹过于强调《易经》是卜筮之书，他解读的卦爻辞大都是占筮之意，笔者并不赞同。）朱氏认为，读易之法，不仅要区别文王之易和孔子之易，还应将后人解易同孔子之易区分开来，"孔子之易非文王之易，文王之易非伏羲之易，伊川易传又自是程氏之易"（《语类》卷六七）。这是对传统观念的一大突破。此说站在哲学史家的立场，不仅区分了经和传，而且区分了《易传》和易学，强调了《周易》一书的本来面貌，但并不因此否定《易传》和历代易学解易的价值，是朱熹研究《周易》经传的一大贡献。

2. 提出"易只是个空底物事"的说法，视《周易》卦爻象和卦爻辞为代表事物义理的符号，可以代入一切有关事物，即以《周易》为一部代数学，将其内容进一步抽象化和公式化了。朱熹认为，《周易》同其他经书不同，《诗》《书》《春秋》等经书中所说的其人其事，都是实有其事，一件事便是一件事，有其事，方有其文，言说其理。可是，《周易》卦爻辞所讲的具体的事，是借事显理，即借此事说未来之事，显示那一类事物的义理。因为其所说的事件不是专指某人某事，如说龙，非真龙，乃假借虚设之辞，所以说"易只是个空底物事"（《语类》卷六六），即空架子。因此，《周易》可以套入许多具体的事物，推断未来的一切事变。（笔者在此指出，朱熹提出"易只是个空底物事"，即"易是空架子"的认知，影响到本书多次提到的近代哲学家冯友兰。冯1984年给在武汉举行的首届中国《周易》学术讨论会发去的"代祝词"说："《周易》本身并不讲具体天地万物，而是讲一些空套子，但是任何事物都可以套进去。"）比如屯卦六三爻辞说："即鹿无虞，惟入于林中，君子几不如舍，往吝。"此爻之理是，遇事不能贪求，贪求乃"取咎之道"。有此实理，便可应万事，如打猎、求官、谋钱财之事，皆可适用。

（以上论述详见《周易知识通览》"十、朱熹《易学启蒙》"一章。）

二十五问：当代南怀瑾曾批评易学大家朱熹的错误吗？

答：朱熹是宋朝儒家大师，又是易学大家，著作甚多，其中《易经》注解广为流传，影响深远，被称为继周文王、孔子之后的第三代代表者。事过千年，提出用天象学来研究《易经》的当代国学大师南怀瑾指出其《易经》注解中有许多错误。现笔者摘录南先生《易经杂说》中的相关论述，并结合笔者曾访问南先生记录的笔记，整理如下：

> 还有学《易经》，其中的注解，有的是不对的，不能看的，尤其宋朝朱熹注的《易经》，也许比我高明，可是他一辈子也没有读通，如参考他的，就完全走错了路。而且宋朝以后的《易经》注解，多数是走物理路线，就是用儒家的学术思想来解释《易经》，而我们手边的这本《易经》，过去叫作蓝本，就是明朝以后的国子监，近乎现代的国立大学的课本而已。这个蓝本是明朝那些儒家采用了朱熹的思想编的。明清以来……他们都是用儒家四书五经来讲《易经》的理。

以上是南怀瑾先生对朱熹《易经》注解的批评。笔者曾拜访南先生，他提出:"我们应该用天象的观察来研究《易经》,这是较原始的路子,比较正确。"这是原始易学由伏羲"仰则观象于天,俯则观法于地,观鸟兽之文,与地之宜,近取诸身,远取诸物……"画成八卦,这符合天象学,"这是较原始的路子,比较正确。"言外之意即应忽略众多学者据孔子《易传》用儒家思想解读《易经》,要脱掉众多学者给《易经》穿的各种外衣。这正如郭沫若所说:"让《易经》自己来讲《易经》,揭去后人所加上的一切神秘的衣裳。我们可以看出那是怎样的一个原始人在作裸体跳舞。"若孔子《易传》是1.0版本,笔者认为要鼓舞后人读《易经》"裸体"的经文,即原汁原味,这样解读《易经》就不再是"走物理路线",有可能应新时代需要而诞生《易传》2.0版本。

以上是当代易学大师南怀瑾对古代易学大师朱熹《易经》注解的批评。后代是否也会指点南先生?正如郭沫若提出《周易》非周文王著作,被易学后起之秀推翻(详见二十七问答)。在《周易》海洋里,后浪推前浪,本书前言里说"本书是这海洋里激起的浪花",都是在"《周易》猜想"。

二十六问：对《易经》《易传》公认的作者，有全盘否定的吗？

答：《易经》《易传》都是易学名著。关于《周易》即《易经》的作者，本书一问中曾说："据《汉书·艺文志》说，其作者和年代是'人更三圣，世历三古'，即上古伏羲、中古文王、近古孔子，历经三千多年。《周易》是中华祖先集体智慧的结晶……"集体智慧，即《易经》是以伏羲、文王、孔子为代表，共同完成的。但是有些名人学者否定，摘录如下（原文详见何少奇《神圣之三学易·道·医》一书）。

1. 关于《周易》经文的作者及成书年代问题

参与这一论争的不乏其人，代表性的观点有如下几家。

顾颉刚于 1929 年 12 月在《燕京学报》上发表了《周易卦爻辞中的故事》，1930 年 10 月在《燕大月刊》上发表了《论易系辞传中观象制器的故事》，余永梁于 1928 年 10 月发表了《易卦爻辞的时代及其作者》。他们根据卦爻辞中比较确凿的史料，认为《易经》既非伏羲也非文王所作，而是西周初期的作品（这一观点经受了历史的检验，为易学界所赞同）。

李镜池于 1931 年发表了《易传探源》《周易筮辞考》，提出《易经》编定于西周晚期，与《诗经》时代略同，经文非出自一人之手。

陆侃如于 1932 年发表了《论卦爻辞的年代》，认为《易经》的卦、爻辞经过数百年的口耳流传，至东周中期方写定。

郭沫若于 1935 年 3 月发表了《周易之制作时代》，认为《易经》之作绝不能在春秋中叶以前，而是在春秋以后，其作者是孔子的再传弟子馯臂子弓。

2. 关于《易传》的问题

传统说法是孔子晚年研习《易经》，写出《易传》为《易经》做注解。据《史记·孔子世家》记载："孔子晚而喜《易》，序《彖》《系辞》《象》《说卦》《文言》。"这几乎是《易传》大部分内容。据汉代《易纬·乾凿度》说："仲尼五十究《易》，作十翼。"这是说孔子名丘，字仲尼，五十岁开始研究《易经》，著作"十翼"。十翼是《易传》里的十篇文章，是《易传》全部内容。由《史记》《汉书》记载，《易传》主要作者是孔子。笔者阅读了《论语》；又阅读了《易传》里的《系辞》《文言》等，其中有大量的孔子原话，几乎与《论语》的文字格式类同，这表明《易传》中至少有孔子编写的部分。但也有一些名人学者有不同的论断如下。

顾颉刚、钱穆（《论十翼非孔子作》，1928 年夏）、冯友兰（《孔子在中国之历史地位》，1929 年）等人都否定其为孔子所作，甚至持孔子与《易》无关之论。

郭沫若进一步推测《易传》中的大部分是荀子门徒、楚国人所著，成书于秦始皇三十四年（前 213 年）以后。

钱玄同于 1929 年发表了《读汉石经周易残字而论今文易的篇数

问题》，认为西汉初年田何传注《周易》时，只有上、下经文和《彖》《象》《系辞》。《文言》诸传，至西汉中叶之后才混入汉人伪作的《说卦》《序卦》和《杂卦》三传。

李镜池对诸传的成书年代进行了具体推测，认为《彖》《象》作于秦、汉间，《系辞》《文言》作于西汉昭（帝）、宣（帝）间，而《说卦》《序卦》《杂卦》则作于昭宣之后。

由上述行文中可知，前人公认的周文王著《周易》、孔子著《易传》的说法，在近现代遭到诸多学者的质疑甚至否定，且言之有据，将来还会继续论证，这是易学者研究的责任，对广大普通读者而言，并不会受到多大的影响。这些也属于"《周易》猜想"，但作为常识应该知道。

二十七问：郭沫若说《易经》非周文王所著，其论又被谁推翻？

答：笔者曾与易学家唐明邦教授私下讨论过，猜想谁应该是《周易》主要作者。这方面古今众论纷纭。讨论中提到，郭沫若先生曾在《周易之制作时代》一文中说《周易》成书于战国初年，作者是战国时楚人馯臂子弓。这一论断影响国内外。后来，唐教授给笔者打电话说：邵乃读（下称邵氏）所著《正本清源说易经》中，否定了郭沫若先生的这一论断，推荐笔者阅览。笔者阅读后，摘录如下，供读者欣赏、猜想：

《周易》的作者是谁？从古至今，众说纷纭，其中影响较大的是郭沫若同志的论断。他在《周易之制作时代》一文中说："《周易》的作者是战国初年楚人馯臂子弓。"他作出这个结论，是根据荀子对子弓的评价推测出来的。他引用了《荀子·非十二子篇》中的一段话："无置锥之地而王公不能与之争名，仲尼、子弓是也。"他说"荀子极端地称赞子弓，把他认为是孔子之后的唯一圣人"。他接着说："从《易》的纯粹思想上来说，它之强调着变化而透辟地采取着辩证的思维方式，在中国的思想史上的确是一大进步。而且那种思想的来源明白地是受着了老子和孔子的影响的"，"他是完全把老子和孔子的思想综合了。由时代与生地看来，这项思想上演进的过程，对于子弓之为作《易》者的认定是最为适应的"，"由种种的推论上看来，我觉得这位作者就是楚人的馯臂子弓"。

以上是郭沫若先生的推断，《易经》的作者是"楚人的馯臂子弓"。但是本文作者邵氏否定如下：

笔者（邵氏）把《荀子》一书仔细进行阅读，在《非十二子篇》中确有荀子对子弓评价的话。但只字没有谈及子弓作《易》的事。《荀子》一书共有十二卷，笔者找不到子弓作《易》的影子。荀子是研究《易经》的大师，在《荀子》一书中多处引用《易经》。他最有名的一句话是："善为《易》者不占"（见《荀子·大略》）。春秋战国时代是百家争鸣的时代，诸子百家著作很多。《周易》是我国古代非常重要的一部著作，如果《周易》产生在战国时代，为何没有任何记载？先秦诸子百家，包括荀子在内，没有一个人说过《周易》的制作是在战国初年。没有人说过《周易》的作者是馯臂子弓。之所以如此，是因为在春秋战国的历史中，根本没有这么回事！

春秋战国之后是秦朝，秦朝是个短命的朝代，只有十几年就灭亡了，接着就是汉朝。汉朝距战国时代并不远，汉代两位史学大师司马迁和班固，在他们所写的《史记》和《汉书》中都谈到孔子学《易》和传《易》的情况。《史记》说"孔子晚而喜《易》，读《易》，韦编三绝"，说："孔子传易于瞿，瞿传楚人馯臂子弓"（详见《史记·孔子世家和仲尼弟子列传》）。《汉书》说孔子"盖晚而好《易》，读之韦编三绝，而为之传"，说"自鲁商瞿子木受《易》孔子，以授鲁桥庇子庸。子庸授江东馯臂子弓"（详见《汉书·儒林传》）。大量史料证实，馯臂子弓只是《周易》传承者之一，而非《周易》的作者。

由此可见，郭沫若同志关于"《周易》的作者是战国时期楚国人馯臂子弓"的论断，是不能成立的。

有的书籍不仅否定馯臂子弓不是《周易》作者，还说无此人。笔者查看了有关资料，确有此人。但本文论述，此人仅是《周易》继承者，不是《周易》作者，这否定了郭沫若先生的论断。

回答《周易》作者是谁，要掌握大量史料，并对史料进行分析，且不可简单武断地做出结论。

邵氏最后推断：

文王被囚禁了七年，这位伟大的政治家、思想家在狱中绝不会白白度过。他有充分的时间，有能力也有条件研读《易经》，对不同版本的《易经》进行整合，重新编排卦序，修改卦辞爻辞，增加新的内容，注入新的思想，使其不仅是一本占筮之书，也是治国安邦、垂教今人和后人的哲理之书。他着手进行设计，搭起了框架，开了个头。古书上说：文王被囚在羑里时，曾推演《周易》，此说并非毫无根本。但文王被释放后，忙于政务和征战，无暇顾及此事，就将此事交给周公和卜官史官们去完成。周公是我国古代伟大的政治家、思想家。卜官和史官都是当时的知识精英，他们掌握了大量史料和档案，有长期从事占卜活动的实践经验。他们在周公的领导下，继文王开创的事业，整合各种《易经》版本，编纂新的《易经》。从《周易》卦爻辞中称"王"称"公"的语气来看，显然出自史官和卜官的手笔，文王和周公不可能称自己为王、为公。要问《周易》作者究竟是谁？笔者（邵氏）回答是周文王、周公和周王朝的卜官史官。现在我们出版一本书，有的署名一个人，有的署名几个人，从实际出发，《周易》的作者署名几个人有何不可！

邵氏据历史资料和推测，较详尽地阐述《易经》的作者是谁，是对第二十六问的有力补充。

二十八问：《周易》如何描述少男少女两性行为？

答：《周易》的咸卦是有着多种解读的卦之一，现选录王政挺先生《易经的故事》一书中将其解读为少男少女恋爱婚姻的论述。在文末加入另一种解读，扩大读者的视野。先看选录的精彩片段如下：

《易经》六十四卦中，有一个卦称咸卦。咸通感，而且其原始内涵，竟然就是少男少女的两性行为。

请看咸卦六爻：

初六：咸其拇。

六二：咸其腓。凶，居吉。

九三：咸其股，执其随，往吝。

九四：贞吉，悔亡，憧憧往来，朋从尔思。

九五：咸其脢，无悔。

上六：咸其辅、颊、舌。

这里展示的，是少男自下而上抚摸少女，先是脚趾，再小腿，再摩挲其背部，再吻她的嘴唇，亲她的脸颊，舔她的舌头。而少女呢，开始是欲从还羞，至于"咸其股"，则已经"进不能制动，退不能够静处"，一任儿郎所为。于是有"憧憧往来"的运动，"朋从尔思"。《易经》中，朋有时指钱贝，当然了，这里的"咸"和金钱交易应该是没有关系的，不然事情麻烦了。在这里，朋为匹配，阴以阳为朋，阳以阴为朋，少年"憧憧往来"，少女款曲相从，配合得非常好。

天作之合，自然、热情，而又生动。

也有些不同的考论。

有认为咸卦的结构，是上兑下艮。兑为少女而艮为少男，所以这是个女上男下的性爱体位。是典型的女性卦。而性心理学家潘光旦先生则认为，这里主要的描写，是准备性的性戏耍。从"咸其拇"，"咸其腓"，"咸其股，执其随"，"咸其脢"，"咸其辅颊舌"，自外而内，步骤分明。

还有认为，这里并不是一般的男女性爱，而是古人表演相感的性舞蹈。

此论述较多书籍有记载，郭沫若先生是其中之一。

可以说，咸卦是以人的性行为作为具象，来表达相感的意义。因为天地万物之相感，莫过于男女，而男女相感之深，又莫过于少男少女。而他们新婚之夜的性行为，则尤其有着典型性，那都是最为生动和常见的感应具象。推而广之，《易经》的六十四卦中的许多卦，如随卦、蛊卦、贲卦、恒卦、损卦、益卦、睽卦、渐卦、归妹卦、噬嗑卦，等等，其实都是具有交感性质的卦象。其中有少女，有中女，也有长女。有少男，也有中男和长男。

笔者按：这三男三女体现在八卦中乾坤父母生育的六个子女。因为八卦也象征一家八口人各就各位。乾为父纯阳，坤为母纯阴。阳无阴不立，阴无阳不生。乾坤阴阳互补，生育三男三女。王文所论，认为以咸卦少男少女爱情的性行为为因，才能生育结果，折射出普遍的阴阳互补产生万物的深远易理。

咸卦卦辞有云："取女吉。"其象辞云："天地感而万物化生，圣人感人心而天下和平；观其所感，而天地万物之情可见矣！"可见，交感的意义绝不仅限于"取女吉"。天地交感流通而化生万物，圣人感化人心而使天下和合太平。所以，得此卦，不仅取（娶）女为吉，"观其所感，而天地万物之情可见矣！"我们的世界，就是个充满感情的世界。

上述文末说"交感的意义绝不仅限于取女吉"，"观其所感，而天地万物之情可见矣"，"我们的世界，就是个充满感情的世界"，即咸卦的卦爻都是比拟，因而不要局限于"取女吉"，可引申到寻求合作伙伴，寻找下属配角，寻找志同道合知己的朋友，等等。其过程概括如下：

初六，咸其拇："拇"指大脚趾。认识感觉到他的大脚趾，这比喻两个人刚刚接触，仅仅是对这个人有一点初步的印象。

六二，咸其腓："腓"是指小腿肚子。这是说感觉到小腿肚子了，但毕竟还在下面，对此人认识还很肤浅。

九三，咸其股，执其随，往吝：感觉认识的程度往上升，由小腿子上升到屁股，自认为对其认识全面了，就执意跟随他，这样进行下去是会有遗憾的。

九四，贞吉，悔亡。憧憧往来，朋从尔思："贞"是卜问，通"侦"，引申为察看。"憧"是往来不绝，心神不定，神魂颠倒。这是说你察看到他好的一面，就完全放心了，没有疑虑了。但是你还没了解他的反面。

九五，咸其脢，无悔："脢"是指人的后背的肉，后背部位贴近心脏，双方感觉到"心心相应"，所以无悔。

上六，咸其辅颊舌："辅"是指人的上颚。"颊"是面颊。"舌"是指舌头。这是说舌头在辅颊之里，舌动则辅颊随之动，比喻双方心意相通，用舌头互相问答甜言蜜语成交了。

二十九问：你读《周易》知道红颜祸水吗？

答：女人如水。"红颜"指美女，往往被有名望的人娶为妻妾变为祸水，古今中外皆有此事，古代较多。例如《左传·襄公二十五年》记载崔杼娶美女棠姜的故事。本问答主旋律是用《周易》的困卦和大过卦解读该二人的婚姻为何失败、棠姜变成祸水。笔者认为，这好像已知二人婚姻结果失败，逆推到《周易》的困卦、大过卦来解释失败的原因。而假若崔杼和棠姜婚姻始终美满，笔者也能用困卦、大过卦解释其成功的原因。先看选录自王政挺先生《易经的故事》一书的相关论述，阐明失败的原因，其中补插笔者阐述成功的原因。

中国自古就有"红颜祸水"之说。

比如在夏朝，有桀的妃子妹喜，传好酒池肉林，裸身嬉戏，由于桀专宠妹喜，不理朝政，很快他的夏朝就被小部落商给灭掉了。

而在殷商，则有纣王的妃子妲己，相传是九尾狐狸变来的，无论哪个男人也吃不消。闹到最后，姜太公也得掩面斩妲己。在周朝，则有"烽火戏诸侯"的褒姒，直接导致了西周的败亡。

此外，春秋有西施，西汉有吕雉，三国有貂蝉，还有唐朝的杨贵妃、清朝的西太后，等等皆是。有人将晋朝的贾南风也算上，其实她是个丑女，个儿矬，脸青黑，眉毛后面还有一个大疵，但是，她和白痴皇帝搅合在一起，生生将个西晋王朝送了终。其破坏力一点也不比"红颜"差。

所以说，事情的原因并不那么简单。只是食色性也，在事物诸多因素中，万绿丛中一点红，"红颜"更为引人注目而已。

这里也有个"红颜"，叫棠姜，见于《左传·襄公二十五年》。

据《左传·襄公二十五年》：襄公二十五年，崔杼欲取棠姜，筮之遇困之大过。史皆曰："吉。"示陈文子，文子曰："夫从风。风陨，不可取也。且其爻曰：困于石，据于蒺藜，入于其宫，不见其妻，凶。困于石，往不济也。据于蒺藜，所恃伤也。入于其宫不见其妻，无所归也。"

这里讲的是崔杼与棠姜的故事，却不小心引出个困卦，详情如下。

崔杼也叫崔武子，是当时的齐国大夫，也是个实力派人物。他早年就得宠于齐桓公之子齐惠公，在齐灵公时，曾率军伐郑、秦、鲁、莒等国，灵公病危，迎立故太子姜光，即齐庄公。史书说他在齐执政二三十年，骄横异常。

襄公二十五年，一个齐国堂邑大夫叫齐棠公的死了，崔武子前去吊丧，看到齐棠公的遗孀棠姜很美，要娶棠姜。棠姜的弟弟东郭偃正是崔杼的家臣，劝他说，大家都是姜太公的后代，同姓通婚好像不太吉利。原来查起家谱，崔武子是齐丁公的后裔，而棠姜和东郭偃是齐桓公的后裔，果然是同姓。

可是，崔武子是不达目的不罢休的。他转了个脑子，那就让算卦来决定吧！

"筮之遇困之大过"，本卦是困卦，其中第三爻为动爻，动则全卦变而为大过卦。

都不是很好，或者说，太不好！

所谓困者，道穷力竭，不能自济。困卦的上卦为兑为泽，下卦为坎为水，水都流到了下面，湖里没有了水，所以叫"泽水困"。困卦又有阳刚为阴柔所掩盖之象。阳陷于阴中，穷而不能够自振。虽然前面有愉悦的诱惑，但是走过去，脚下就有危险。

而且，这里困卦的变卦是大过卦，就更有问题了，不是小过，是大过！

看了这些，换了我们这些平常人，也知道结论是什么，该怎么做了。但是不，"史皆曰：'吉'"。算卦的都说是个好卦，吉祥！都是些奉承拍马的人，知道崔武子是怎么想的，顺着说。

（在此上下有删减，欲知详情，请看原著。）

崔武子一高兴，又让另一名齐国大夫陈文子也看看。陈文子可是个堂堂正正的君子，为人做事有原则，属于乱邦不居那一类，洒然一身，心无窒碍，弃其禄位如蔽屣。陈文子就是这么个君子，孔子的《论语》也专门表扬过他。

陈文子看了卦，说："这个卦象不好，有克夫之象。此女不可取。"我们看陈文子是怎么分析的："夫从风。风陨，不可取也。"

陈文子果然不凡，无论卦辞还是爻辞都没有这样的话，陈文子是从卦象中看出来的，而且，是一种能够把内部放大的"互卦"法。所谓互卦，一般是对六爻卦中间的四个重复利用，再取出新的三爻卦。陈文子借此将困卦的六三、九四、九五三个爻取出来，成为巽卦。巽为风,"夫从风",上面的风不停地吹,昏天黑地,什么都能够刮下来,什么也保不住,所以那个女人不可娶。这就叫"风陨,不可取也"。

且其爻曰:困于石,据于蒺藜。入于其宫,不见其妻,凶。困于石,往不济也。据于蒺藜,所恃伤也。入于其宫不见其妻,无所归也。

在这里,陈文子和我们一样,是引用困卦六三的爻辞,因为动在六三。如果真要娶,那对不起,一定会"往不济也""所恃伤也",最后"无所归也"。

以上以《周易》困卦和大过卦为依据,解读崔抒和美女棠姜的婚姻失败的原因。但笔者认为,假若二人婚姻始终美满,也可同样可以困卦和大过卦为依据,解读二人婚姻成功的原因,如下所示。

崔抒为获得美女棠姜求卜得困卦。困卦六三爻说:"困于石,据于疾藜,入于其宫,不见其妻,凶。"这显然是对二人的婚姻非常不吉利,凶。但上述文中已说困卦第三爻是动爻,即六三爻是动爻,该爻是阴爻,若变动为阳爻时,困卦变成大过卦。大过卦九二爻辞:"枯杨生稊,老夫得其女妻,无不利。"这阐述若崔抒年龄大于棠姜,为"老夫得其女妻,无不利"。无不利是没有不吉利的,好事成功。若是棠姜为老妇,年龄大于士夫崔抒,便是大过卦的九五爻,九五爻辞:"枯杨生华,老妇得其士夫,无咎无誉。""无咎"是说二人婚姻无过错,无遗憾。无誉是说也没必要赞誉,可进行。可见大过卦这两个爻专论二人婚姻成功,棠姜不是祸水了。原卦是困卦六三爻说婚姻凶,然而该爻是动爻,由阴爻变为阳爻已过渡为大过卦,以大过卦说二人婚姻吉,婚姻由凶变吉。"大过"二字在此是说老夫或老妇欲婚年龄是超过了常态，但结论是"无不利"或"无咎无誉"，婚姻可成。

崔抒又把困卦给陈文子看，陈把困卦取出互卦，互卦是对六爻卦中间的四个爻依次取出三个爻为单卦，即把困卦的六三、九四、九五这三个爻取出来构成三爻的巽卦。巽为风，"夫从风"，"风陨，不可取也"。笔者在此也读互卦，是把困卦的九二、六三、九四这三个爻取出组成三爻的离卦。离为火，火为热烈、光明，照亮二人的行程。中医把离卦的火比喻为心，是心脑系统，二人的婚姻应是"心心相印"，成功也，何谈失败、祸水？请继续阅读以下选录的正文，正文是依据《左传·襄公二十五年》的记载。

崔抒查血统不行，算卦也不行，骄横异常的崔武子会听吗？结论是想得到。他一心都在美女身上，说："嫠也何害！先夫当之矣！"一个无夫之妇能有何害！这些凶险她原先的男人都承担了！崔武子都成了吹胡子，寡妇棠姜是娶定了，还生了个儿子叫崔明。

但是，情况在悄悄起变化。

齐庄公也看上了美女棠姜，那齐庄公正当少年，雄姿勃发，还是个国君，这些都是一把年纪的崔武子比不了的。齐庄公不仅和棠姜私通，还放肆，去崔武子家偷情，还要把崔武子的帽子拿出来，赏给别人。侍者认为不妥，齐庄公的火气就上来了，说："不为崔子，其无冠乎？"难道除了崔武子，别人就不能够戴帽子了吗？倒也是，齐庄公既然已经给崔武子戴了顶绿帽子，从他家里再拿顶帽子似乎也没不合理。于是整个齐国都知道了这件事情。

可以想象得到处于旋涡中的崔武子，内心会是什么样的愤怒。

在这个意义上，绿帽子事件可以说正好提供了很好的借口和机会。经过周密策划，崔武子物色了杀齐庄公的人，就是齐庄公的侍臣贾举。贾举曾经被齐庄公鞭打过，齐庄公打完了，也就算了，但是贾举心里恨死了齐庄公，他自愿为崔武子效命，一定要杀死齐庄公。崔武子也和自己的老婆兼齐庄公的情人棠姜谈了心，摊了牌，这样，棠姜也转向丈夫这一边，而且自然就成了引诱齐庄公的诱饵。此外，朝廷上下，还有军队调动，等等，无一不是滴水不漏。

于是，齐庄公死定了。

这年夏天，莒国国君朝见齐国，崔武子称病。齐庄公借口看望，又去找棠姜。棠姜转进房间，和崔武子从侧门出。淫心大发的齐庄公竟然拍着柱子唱起了情歌。就在这个时候，侍臣贾举借口支走了别的随从，把门关严实，"甲兴"，事先埋伏好的士兵一拥而上。

还在大唱情歌的齐庄公顿时傻了眼。

他跳到高处请求饶命，"弗许"。

请求和崔武子结盟，发誓再也不干了，"弗许"。

请求回到祖庙，在那里自杀，依然还是"弗许"，说："崔大人卧病，就算是国君来了也不能听命，这里距主公寝宫很近，我们只知道奉命消灭淫贼，不知道别的。"

齐庄公于是彻底绝望了，乘众人不注意，返身一跳，手扒着要翻墙，又被箭射中大腿，从墙头掉下来，众人一哄而上，庄公死于乱刀之下。齐庄公死后，崔武子立齐庄公的弟弟杵臼为国君，为齐景公。"崔子为政如故。"

崔武子的目的达到了。他利用情色仇杀，同时也巧妙达到了政变的目的。此时,齐景公年幼,崔武子掌权,遇政敌,儿子们争权,两个儿子被政敌杀死,美女棠姜闻变,自缢身亡。崔武子"不见其妻",自己上吊结束生命。这又说明"红颜祸水"。

三十问：是乾卦指导范蠡或他的行动与乾卦吻合吗？

答：范蠡是传奇人物，名扬天下。他在楚国怀才不遇，到越国效忠于求贤的越王勾践。勾践与吴王夫差，即越国与吴国争斗胜败反复，都有范蠡的身影。范蠡明星时，伴有美女西施的身影。后人有多种不同的视角来评论范蠡，有小说有连续剧演出他的生平。但是张其成先生在《管理大智慧》一书中用《周易》乾卦阐述范蠡的事迹和生平，鲜为人知。张先生用心良苦，文笔行云流水，把范蠡事迹与《周易》乾卦相关联，既宣扬了《周易》管理的智慧，描述人生的轨迹，又预测了人生。下面通过范蠡的个例，可扩展开来，体现乾卦爻辞内涵的管理智慧和预测人生的准确性。选录如下，其中有笔者的评论和补充。

故事的主人公是春秋末期政治家、军事家和经济家，携手西施，泛舟五湖的范蠡。其人很了不起，他不仅情场得意，官场得意，而且商场照样得意。他做官能做得很大，经商又能成为富可敌国的大商人。颇有意思的是，他的人生经历恰好符合乾卦六爻六个阶段。

乾卦第一个阶段：潜龙勿用。

春秋时期的楚国，贵族当权，君主昏庸无为，朝廷腐败。楚国士人范蠡，年轻的时候就具有圣贤之资，眼看楚国一方面被吴国威胁，另一方面依赖秦国，失去了内政外交的自由，不免忧心如焚。但是他出身寒微，又不肯巴结权贵，只得出入于陋室，浪迹于民间，过着超然不群的清苦生活。为了不苟同于世俗，也为了躲避凡夫俗子的妒忌，他索性佯装狂痴，隐身以等待时机。（这是"潜龙勿用"扣题。）

乾卦第二阶段：见龙在田，利见大人。

春秋时的越国，在开始时，无论军事还是土地、人才、国家富裕程度上都比不上吴国，面对吴国的咄咄逼人，越王勾践忧心如焚。越国大夫文种说服勾践，到楚国访求人才。当时吴国的主要大臣谋士如伍子胥、伯嚭都是楚国人。

文种到楚国后，对范蠡的名气有所耳闻，就来找他，说："先生才高八斗，为什么不想法求取功名，而愿混在寻常百姓之中呢？"

范蠡说："一个人有了知识和才能，如果仅仅是为了谋取自己的富贵，那是最容易的，但也是可耻的，所以这不是我的志向。我的志向是要有利于楚国，如果做不到这一点，我愿毕生与草木同朽。"文种就问道："那你现在怎么办？"

范蠡说："我准备到越国去。如今楚国最大的敌人是吴国，而能牵制吴国、削弱吴国的只有越国。越国将面临一场生死存亡的战争，必定会招引天下有才智的人。如果楚国去帮越国，把吴国敌挡住了，吴国就没有余力来攻打楚国，楚国就会强盛起来，从而摆脱秦国的控制；如果吴国胜了，楚国可以联合齐国再攻打吴国；而越国是以水战为主的国家，它不会远途侵略楚国的。"

文种听了很高兴，说："我是越国大夫文种，正为此事而来，既然我们的见地不谋而合，先生就随我一同去拜见越王吧。"（这是范蠡"见龙在田"——出现在越国。）

于是范蠡就跟文种到了越国，他被越王勾践封为大夫。（这是范蠡"利见大人"——见到越王勾践。）

乾卦第三个阶段：君子终日乾乾，夕惕若，厉无咎。

一天，在越国王宫议政大殿上，越王勾践说："听说吴王夫差日夜操练兵马，准备攻打我们越国，我们要先下手为强，趁他们还没有准备停当，打它个措手不及。"

范蠡首先站出来反对："微臣认为，现如今吴强越弱，不到发兵时机。并且，兵器是不吉利的东西，战争是违背道德的，战争是各种事情中最末等的事。不到不得已而为之的时候，主动去干违背道德、好用凶器末等之事，老天爷也会禁止的。"

"我的决心已定！休要再说。"越王勾践态度很坚决。

范蠡给文种留下一封书信，便悄悄离开越国。书信上说："我的谋略现在还不能为越王所用，越王要到最危急的时候才能起用我，到时候我再来越国……

此时越国危急，为了救国灭吴，范蠡在反复思量之后，忍着心灵的巨痛，将他心爱的女人西施献给了吴王夫差……

乾卦第四个阶段：或跃在渊，无咎。

吴国获悉越国进攻吴国，于是改变了讨伐齐国的计划。吴王夫差拜伍子胥为大将、伯嚭为副将，亲率水陆军队攻打越国。大概在今江苏吴县两军进行会战，在水战中，越国大将阵亡，水兵几乎全军覆没。越王领残兵五千藏匿于会稽山。吴军穷追不舍，将越王围困在山上。

范蠡潜入越王营寨,被越王迎入帐中。勾践拱起双手谢罪说:"我才学浅陋,识人不明,怠慢了先生,致使先生弃我而去,这实在是寡人的罪过。"

"大王无须谢罪,"范蠡说,"人之相交,是有缘分的,我们的缘分注定要到今日才开始。"

"山穷水尽,望先生教我拯救越国。"越王恳求道。

"天命无常,有德者王。越国国君,没有无道于百姓。大王您继承王位后,内既不以声色自娱而颓丧志气,外又没有以兵结怨于诸侯。越国虽一时遭受困厄,如果您与百姓共识共终,与诸侯结亲结友,最后越国必将振兴,吴国必败,这是可以断言的。"

"那我们眼下怎么办"?越王问。

"向吴国投降!"范蠡不容辩驳地说。

于是勾践派文种带着越国最珍贵的珠宝物品去贿赂伯嚭,在伯嚭的劝说下,吴王夫差终于接受了越国的投降,条件是勾践和他的妻子必须到吴国去做三年奴役!范蠡自愿请求跟随越王勾践夫妇一同前往吴国,陪伴这位君主度过了他一生中最为艰难的日子。

乾卦第五个阶段:飞龙在天,利见大人。

越王勾践回到越国后,卧薪尝胆,励精图治。他接受了范蠡提出的富国强兵的内政战略,又采纳了范蠡呈献的"削吴五计"。于是,一方面越国的国力不断增强,军威大振;另一方面吴国的国力逐渐衰弱,军事优势开始下滑。

经过22年的准备,最后越王带着范蠡、文种偷袭吴国,两国军队进行交战,吴军大败,范蠡夺回西施。越军乘胜追击,节节胜利,攻到吴国都城姑苏城,围困吴军三年。最后,吴军彻底失败,夫差躲在姑苏山派人前来向勾践求和，勾践不允。吴王夫差最后自杀。（吴王夫差自杀是多因素造成的，其中之一是范蠡替越王勾践出计谋，利用"美人计"把自己心爱的西施献给夫差，是"糖衣炮弹"。果然夫差如鱼得水，歌舞升平，松懈朝政而导致国亡。西施成了红颜祸水，是对本书第二十九问答的补充。）

越王勾践坐在吴王的朝堂上，接受文武百官的朝贺；随后北渡淮水，与齐国、晋国约诸侯会盟于徐州；随后，将淮水上游的土地划给楚国；各国诸侯共同拥护勾践为霸主……（笔者分析，该霸主并非是"飞龙在天"的龙，该龙仍然比喻范蠡。"利见大人"指范蠡是大人，因范蠡立功成为名星，"利见"是众人获知范蠡平易近人能见到他。）

乾卦第六个阶段：亢龙有悔。

范蠡离开越国，留书信给文种说："飞鸟尽，良弓藏；狡兔死，走狗烹。"越王这个人，可以与他共患难，不可以与他共享富贵。您为什么不离开呢？文种看后，认为自己为越国立了那么大的功劳，越王不会对他不义的，何况自己做官做到现在这个位置，怎么能够轻易放弃呢？

有人进谗言给越王勾践说文种将要谋反作乱，越王派人赐剑给文种说："当年你教我伐吴国，有七条计策。我用了三条就把吴国给灭了。还有四条计策在你的脑子里，你准备干什么用呢？你还是带着它，替我到地下献给先王吧。"

文种情不自禁失声说道："范蠡啊，我真该听你的建议，现在后悔太晚了。"说完，拔剑自刎而死。

范蠡带着西施，离开越国后，弃了功名，变易姓名，相偕隐居在烟波浩渺的太湖中。之后来到陶（大概是现在山东定陶），叫朱公，他认为陶这个地方地理位置十分优越，处于中间，是当时各诸侯国相互往来必经之地，也是商品交易流通的好场所。"乃治产积居，与时逐而不责于人。故善治生者，能择人而任时。十九年之中三致千金，再分散与贫交疏昆弟。此所谓富好行其德者也。"

齐国陶地，当地首富"陶朱公"府邸卧室，范蠡寿终正寝。后世称富有的人为陶朱公，将范蠡作为财神来祭祀。

上述用乾卦六个爻即六个阶段，恰好阐述范蠡的事业生平。他是六爻里的龙，有潜龙、见龙、飞龙到空间顶层第六爻为亢龙。从政坛隐退，改名换姓经商致富而逝世。但是他未走完乾卦，乾卦还有用九爻即第七爻留给他。浪漫设想他虽死犹生，到第七阶段用九爻去"生"。用九爻仅有爻辞"见群龙无首，吉"，没有爻位。乾卦卦象是两个三爻的乾卦叠加而成，乾为天，两个乾即两个天，是天外有天。用九爻位是六个爻位以外的天。对范蠡而言，这第七爻位的天是虚拟的，空间无限大，容纳古今"千古风流人物"的群龙，范蠡这条龙，顺其自然升入群龙队伍里，群龙平等，没有为首称霸者，因为爻辞说"见群龙无首，吉"。"天马行空，我行我素"。在此不是天马而是天龙行空，我行我素。在这里范蠡将来会看见梁山伯与祝英台化作蝴蝶，比翼双飞。会看见他心爱的西施，并与她相聚。这些精灵在此也形成群龙，彼此和谐相处，这便是乾卦双重天，第七爻位在天外有天的"天堂"。西施曾在爱人与仇人之间生活过，她是政治的牺牲品，许多人同情她。范蠡从亢龙隐退携带她浪迹天涯，度过浪漫的余生，这是善良人的美好愿望。但野史记载西施已死，是被越王勾践的夫人推入水中淹死的，西施天生丽质，有"沉鱼落雁"之美，结果真是"沉鱼"死在水中。这类似后人传说美女杨贵妃在马嵬坡没死，逃到了日本，这也是人们的愿望，同情她，如同说西施与范蠡度过晚年。范蠡在乾卦六爻里的高官厚禄和经商时期的金钱，都是身外之物，唯有他与西施的才子佳人的爱情，在乾卦第七阶段"破镜重圆"，是浪漫永恒的团圆……

第三篇

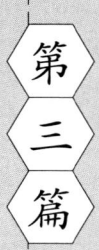

三十一问：科学易的兴起是历史的必然吗？

答：《周易》的形成是由八卦演变为六十四卦。八卦的每一卦是由阴阳三个爻构成。阴阳是"二"个状态，后人悟出是数字"二"进制的两种数字（数字"1"和数字"0"）。八卦的每一卦取三个二进制数字（三爻），排列组合成八个卦（八卦），因此八卦是由数学二进制算法构成，虽然那时并未意识到这数学原理。随时代的发展，科学的进步，人们解析出《周易》的形成有先天的科学性成分（科学易）。2009年中央电视台《百家讲坛》播讲《易经的奥妙》时说："科学越发达，《易经》越正确越科学。"后人逐渐挖掘《易经》与多学科有关联的科学性，下面选较全面的论述。

科学易的兴起是历史的必然，因为卦爻体系是一种具有数学结构的符号系统。据英国生物化学家和中国科学史学家李约瑟（1900—1995）介绍，早在1157年日本藤原通宪（1106—1160）在其《计子算》中就已对卦爻体系进行过组合学的分析。但科学易的标志是莱布尼茨的卦爻二进制解（1703），其后有中国数学家焦循（1763—1820）的卦爻二项式解。当近代科学被引进中国之后始有科学易著作问世，如沈仲涛的《易卦与代数之定律》（1924）和薛学潜（1894—1969）的《易与物质波量子力学》（1937）等。科学易的兴起及其在当代的发展表明易学受到了科学的论证，并且走向科学易成为当代易学的标志性特征。科学易的发展能否产生易科学呢？中国科学家秦九韶（1208—1261）的筮法数学解（大衍求一术）可以视为早期成功的尝试。易科学属于德国物理学家爱因斯坦（1893—1955）曾经阐释的"重新发现真理"的工作，需要有英国科学家道尔顿（1766—1844）将古希腊原子论哲学改造为化学原子论那样的创造性的研究。

电脑的发明使人类文明进入信息革命的时代，犹如汤武革命顺乎天而应乎人，比特取代原子成为文明大趋势的标志性特征。在数字化、网络化和集成化的信息革命的进程中，"计算"正在成为决定人类生存的关键活动。

易学中的卦爻变换都可以视为广义的计算，大衍筮法提供了一种易卦生成的算法。考虑到中国在造纸和印刷术方面的伟大贡献，当我们谈及传统文化的特征时，能否将其概括为"计算思维主导的信息文化"？我的这种思考不是意在证明中国传统优越于西方，而是想认识文化的古今相通和东西契合。在这方面我们不能忘记日本政治学家五来欣造（1875—1944）的贡献，他早在1920年代就根据卦爻与二进制的一致性做出了这种判断（《儒教对于德国政治思想的影响》，1929年）。

特别是其卦爻体系的符号性，为后人留下了创造性诠释的自由空间，以填入适合时代的需要的新的内容。（例如《周易演义》及其姊妹篇便如此。因为卦爻符号系统是象数的来源，象是抽象的，赋予读者丰富的思维空间去解读，再据时代需要，演义成合乎逻辑的现状，与多学科关联。如欧阳维诚教授，把《周易》与数学紧密相连，古代占筮例子多以卦爻符号断案，等等。）易学研究可以成为梳理中华文化传统和寻找文化基因的重要途径，因为它凝结了中华文化传统中各家思想的共性。如何在中国传统文化中寻找新文化的种子，向世界提供我们文明中的最佳遗惠，以在现代科学技术文明的基础上发展新的科学知识系统和新的人文价值体系，当是中华民族复兴的一项伟大的历史使命。

（以上摘录自董光璧《邵雍易学意义》一文，详见丘亮辉主编《国际易学研究》，中国书籍出版社，2012。）

三十二问：你知道《周易》涉及哪些学科吗？

答：《周易》涉及面很广泛，涉及自然科学、社会科学以及其他方面。

有人认为与医药有关联。（杨力《周易与中医学》，北京科学技术出版社，1989年；李俊川等主编《医义会通精义》，人民出版社，1991年）

有人认为与气功有关联。（天南逸叟《周易气功》，长春出版社，1990年）

有人认为与武术有关联。（周芷礼《易经与中国文化》）

有人认为与预测学有关联。（沈持衡《易理新研》，文津出版社，1991年；杨力《周易象数预测学》，北京科学技术出版社，2012年）

有人认为与决策学有关联。（欧阳维诚《周易新解》，岳麓出版社，1990年）

有人认为与控制论有关联。（周豹荣《周易与现代经济科学》，吉林人民出版社，1989年）

有人认为与因果律有关联。（美籍华人钟启禄《易经十六讲》，中国华侨出版公司，1991年）

有人认为与计算机二进制有关联。（尹奈发表了《周易是一部抽象计算机》和《二进制创始者通辩》的易学论文）

有人认为与古代中国的世界图式有关联。（乌恩溥《周易——中国古代图的世界图式》，吉林文史出版社，1988年）

有人认为与智能逻辑体系有关联。（尹奈《易的多层次思维模式》，电子工业出版社，1988年）

有人认为与哲学有关联。（朱谦《周易哲学》，上海学术研究会丛书部，1923年；李景春《易经哲学及辩证因素》，山东人民出版社，1961年；杨力《易经哲学大智慧》，华夏出版社，2015年）

有人认为与经商、管理有关联。（姬明春《易经经商智慧书》，中国华侨出版社，2006年；史力生《易经与管理决策》，花城出版社，2007年；张其成《管理大智慧》，当代世界出版社，2009年）

有人认为与数学有关联。（欧阳维诚《思维模式下的易学》，华南理工大学出版社，2017年）

有人认为与天文学有关联。（郑衍通论文《易与天文》，见《易学应用之研究：第一辑》，台湾中华书局，1979年）

有人认为与物理学有关联。（萧冬然论文《易理与物理》，见《易学应用之研究：第二辑》，台湾中华书局，1982年）

有人认为与军事学有关联。（安矜群论文《易与兵略》，见《易学应用之研究：第一辑》，1979年；倪代峰论文《易经之军事思想》，见《易学应用之研究：第二辑》，台湾中华书局，1982年）

有人认为与文学有关联。（王莹《周易古经之诗学研究》，中国社会科学出版社，2018年）

三十三问：《周易》与数学有关联吗？

答：解读《周易》应从"象数理"全面整体去释意。"象""数""理"各有特点，尤其"数"更是奥妙，难以正确挖掘其抽象的含义，要领悟其数理逻辑。暂举以下两个例子。

（一）八卦对数学二进制的影响

前已介绍 17 世纪德国数学家莱布尼茨，阅读由在中国的西方传教士回国带去的《周易》翻译的拉丁文本，其中的阴阳符号组成的八卦图等，颇受启发，认为阴爻"⚋"是 0（零），阳爻"⚊"是 1，从而创造了仅有"0"和"1"的两个数字的二进制数学。二进制符合客观事物存在的两种状态，例如是与非、自来水打开与关闭、工作与休息、电路的开关，等等，被用于电子计算机。其影响深远。计算机的问世，是科技史上的里程碑。

莱布尼茨把阴爻视为"0"，把阳爻视为"1"。所以八卦的坤卦☷是三个阴爻，便可写为二进制数的"000"，换算成十进制数也是"0"。这是坤卦在八卦中排序首位、"0"（零）位。依次再加"1"，即"001"即☶，是艮卦，这"001"二进制换算成十进制数为 1，即艮卦排序为一。再加上

"1"即"010",是☵坎卦,换算成十进制数为2,排序为二。依次如此推算下去:巽、震、离、兑,最后是"111"三个阳爻的乾☰,二进制"111"是十进制的7(七)。由坤卦开始的排序"零"到末尾乾卦排序"七",这"零"到"七"共八即八卦,其先阴后阳排序是:坤、艮、坎、巽、震、离、兑、乾,八卦。而且坤乾首尾相连一个循环。如此,似乎八卦是由二进制的数学逻辑推算的,每次取三个二进制数(三爻)组成八卦。

周文王把上述进一步扩大,把八经卦中每两个经卦叠加成六爻重卦。即每个重卦用六个二进制数表达,若先阴后阳,第一卦是坤卦☷,二进制数是"000000",换算成十进制数也为"0"(零),排序首位"零"。若加"1"是"000001",是剥卦☷,十进制为1(一),再排列"1"是"000011",是观卦,十进制为2(二)……如此按二进制数依次排列,经过六个卦,有深层的内涵,到最后为二进制数"111111",即☰乾卦,该二进制换算成十进制为63。由开始坤卦排序零到最末乾卦排序六十三,这零到六十三共六十四卦,是乾坤二卦首尾相连,隐喻天地循环。从数学角度来衡量,我们的祖先编写《周易》六十四卦,深层次如此巧妙,令人赞叹!

(二)八卦的生成过程

八卦的生成过程是由"太极"→"两仪"→"四象"→"八卦"。而后由"八卦"→"六十四卦"。此推导规律,具有深层次的数理逻辑。太极生出阴阳两仪,用"—"表示阳爻,用"--"表示阴爻。用阳和阴这两个符号,可排列成四种不同的形象,即"四象"。用 A 表示阳爻"—",用 B 表示阴爻"--",其排列组合为 $(A+B)^2=$

$A^2+2AB+B^2$，亦即：（AA ⚌）（AB ⚍）（BA ⚎）（BB ⚏）两个符号只能排出四种形象，即"四象"——太阳、少阴、少阳、太阴。其简捷计算为 $2^2=4$。

四象之上，各覆以一阴或一阳的符号，即为八卦，以通用符号表示，则为 $(A+B)^3=A^3+3A^2B+3B^2A+B^3$，亦即：（AAA☰）（AAB☱）（ABA☲）（ABB☳）（BAA☴）（BAB☵）（BBA☶）（BBB☷）用三种符号只能排出八种形象，其简捷计算为 $2^3=8$，即八卦，四象生八卦。

若每卦以六爻组成（即重卦），可构成六十四卦（$2^6=64$）。由此类推，若每卦由十二爻组成，便为四千零九十六卦（$2^{12}=4096$）。若每卦由二十四爻组成，便为……依此类推，以至无穷。

数学家柏奥义，从上式的引申，在17世纪创制推演出有名的"二项式定理"的公式（在此省略），在统计学、企管学中发挥了很大的功用。其实这乃是易学中卦象排列的变象产物。

（以上摘录自汪忠长著《周易六十四卦浅解》，当代世界出版社，2005年）

著名哲学家冯友兰说《周易》是"宇宙代数学"，而数学又被称为"科学皇冠上的明珠"。

欧阳维诚先生在其《思维模式视野下的易学》一书中，曾论及易卦符号系统的数学原理，简略地摘录如下：

第一，从数学的视野来看，易卦不是一种普通的符号系统，它是一个严密的内容丰富的代数结构，当我们撇开《周易》经、传的束缚，只把易卦的全体当成一个集合A，每一个卦都当作A的一个元素，再适当地引进运算法则以后，集合A就成为一个格、一个布尔代数、一个阿贝尔群，等等。即使在今天，对大学数学系的学生讲授集合论、格论、群论、概率论、图论、数论、布尔代数等数学分支的某些概念时，易卦集都可作为该数学分支中一个深刻而有趣的例子。易卦的数学内容如此丰富，对于易学研究工作者是不能不考虑的。

第二，历代易学家，特别是现代科学易学家，已经把许多数学概念"援以入易"。今天的易学家们不可能视而不见，我行我素。因此，易学家有必要了解易卦中的一些数学原理，以资鉴别和比较，去粗取精，去伪存真，共同把易学研究引向健康发展的轨道。

第三，数学与人类文明的发展有极为密切的关系，古希腊学者的"万物皆数"，《周易》的象、数、理、占，都说明了古代文化遗产与数学有密切的关系。数学是一种思维科学，是研究空间形式与数量关系的科学，它不同于飞机、卫星等现代科技，后者是人类文明发展到一定阶段的产物，而空间形式与量的许多规律则是不依赖于人类的智力水平而存在的。在《周易》成书的时代，古人虽然不可能有我们前面提到的那些现代数学的概念，但是却可能自觉或不自觉地使自己的思维服从某些数学的规律。不同的只是，今人自觉地运用数学，古人不自觉地遵循数学而已。不仅是人，即使是动植物的某些现象，也严格地服从数学的原理。例如蜂巢都是六角形的，数学上可以证明，在原料一定的前提下，这种形状的巢容积最大。某些植物（如樱桃、梨树、柳树）的叶子在茎上的排列方式，也与数学上著名的斐波那契数列有关。

易学研究中许多悬而未决的问题，如卦序排列、大衍之数等都与数学有关，本书关于思维模式的理论同样与数学有关，要实现易学研究的现代化，易学家最好能了解易卦的一些数学原理。

计算机的发明使人类文明走向了数字化、网络化和集成化的信息革命时代，计算或算法的观念已经渗透到许多学科领域。把易学研究中一些传统问题转化为计算，是值得探索的方向。计算所用到的数学主要是离散数学，易卦这套抽象的符号系统，则几乎包含了现已用到的离散数学的主要内容。

在之前第三十一问答科学易的兴起，在此摘录欧阳维诚先生关于《周易》与数学紧密相连的论述，这也属于科学易的例证之一。

三十四问：易卦符号可联想到多学科，其中有生物遗传密码吗？

答：有些科学工作者发现易卦符号系统与科学内容有某些联系，从而希望在这基础上借助易学的思想作进一步探讨。因为易学本身就是数学符号系统，一个典型例子是易学与生物遗传密码的关系。

德国学者申伯格在 1973 年出版了一本名为《生命的秘密钥匙：宇宙公式、易经和遗传密码》的小册子，指出 64 个生物遗传密码与《易经》的六十四卦之间有一一对应的关系。

其文认为，生物遗传密码物质都是由核酸构成的，核酸有两种，一种叫脱氧核糖核酸（DNA），一种叫核糖核酸（RNA）。DNA 通过 RNA 的媒介使遗传信息以一定的方式反映到蛋白质的分子结构上。由于组成 RNA 的核苷酸只有 4 种，而蛋白质分子却有 20 种氨基酸，RNA 需用 3 个按一定的顺序相连的核苷酸组合来决定 1 个氨基酸，称为"三联体密码"，三联体有 $4^3=64$ 种。如果将 4 种核苷酸与四象对应，那么全体"三联体密码"就与 64 别卦构成了一一对应的关系。（在此省略数学计算与爻符号对应关系，有兴趣读者，请看欧阳维诚先生的《思维模式下的易学》一书。）

原著还说，如果离开《周易》的卦爻辞，单纯地考察这套符号系统，科学家们很容易使它与自己研究的学科中某些内容建立联系。笔者认为，这显然是象数派的观点。

在 2007 年深圳《周易》论坛大会上，笔者与邵伟华先生并坐。当大会发言者提出易学与生物遗传密码时，邵先生立即打开他的笔记本，把他早已写的易学与生物遗传密码的相关文字给笔者看，并说他早就发现了。可见此问题有多人知晓。

三十五问：《周易》在国内有相当的影响吗？

答：中国古代走仕途之路，人才必须经过考试才能被选中。从汉代开始，《周易》被列为考试重要科目，有不知《易》不可为将相之说。还影响到国外，例如日本在明治维新组阁规定，不知《易》者，不得入阁。近代其影响面更为扩大，它几乎涉及社会科学和自然科学。近代科学易尤为耀眼。笔者在2016年1月出版的《周易演义》序言说："目前一些科学家研究探测宇宙间的暗物质（黑洞之类），若将来被证实存在，《周易》的阴阳理论应用面又扩大了，暗物质暗能量为阴，看得见的物质为阳。"中央电视台《百家讲坛》播讲《易经的奥妙》时说："科学越发达，《易经》越正确，越科学。"让《周易》告诉未来。

上述暗物质黑洞，果然被验证了。在2019年4月10日，包括中国在内的世界多个国家的天文台，同时发布了探测到的黑洞阴影照片，验证了爱因斯坦的广义相对论的预言。而爱因斯坦在明暗物质中黑洞之类的理论，可能是受到《周易》阴阳理论的启发，虽然没公布，但公认的是德国数学家莱布尼茨曾受《周易》阴阳两种符号的启发，创造了二进制数学。

蔡福商先生于1956年写成《八卦与原子》一书，对门捷列夫"化学元素周期表"做了全面改造，发现宇宙间存在大量新元素的线索。20世纪

30年代刘天华在博士论文中,根据易学互补等基本原理,用天文学观点从八卦图中推测出太阳系存在第十颗行星,后被科学证实。著名学者郑万耕说:"在世界文化史上,没有一部书能像《周易》具有如此深远影响力和永恒的生命力。"

读《周易》,科学家去探索宇宙,哲学家知辩证思维,史学家观历史兴衰,政治家学治世方略,军事家悟兵法谋略,中医家寻到根源,企业家获经营方法。近年企业家学《周易》方兴未艾,已登上高等学府,例如北京大学业余招收工商管理企业家研究班学习《周易》等国学的宣传:"中国国学长盛不衰,中国传统文化生生不息;四顾寰宇,华夏文化乍起,华商溯本求源,尽在道中,尽在古代文明中。当代企业家读《大学》《中庸》《周易》,品味人生之真谛,品味万物运行之玄妙,品味事物发展之必然;再读之,可领悟其中之妙道,可领悟潮起潮落之轮回。用国学要义之精神,为当代企业家注入王者之风范,注入腾飞之气象,成就完美企业,完美人生。"

以上是近期《周易》在国内影响力的举例。以下是摘自朱伯崑先生主编的《周易知识通览》一书中的论述。

由于历代易学家和哲学家,其解释《周易》经传,往往援引当时的哲学思想,社会、政治、理论观点,以及科学、宗教、文艺等知识和理论,易学又成为了中华文化和学术的轴心。古代的哲学、政治学,理论学、宗教尤其是道教、自然科学、文学、美学、史学等都同《周易》经传发生了密切的关系,都援引易学的原理作为其立论的依据。其中对哲学和自然科学发展的影响甚大。就哲学说,历代易学所阐发的太极观念,成为中国哲学中宇宙论和本体论的理论支柱。中国哲学中的形而上学系统，是通过对易理的阐发而完成的。前面提及的《易传》提出的相反相成等原则，其中蕴藏的形式逻辑思维、辩证思维、直观思维和形象思维等，通过历代易学的阐发，都得到重大的发展，成为中华民族思维方式的典范。就自然科学说，历代易学所阐发的阴阳五行观，从汉朝以来，就成了古代自然科学的理论基础，其对古代的天文气象学、物理学、化学和医学都起了深刻影响。元明以来，由于象数之学的发展，在医学中形成了医易一派，其对人体功能的探讨，在世界上独树一帜。明末著名的科学家方以智，其学术造诣，就其理论思维的指导来说，则归功于其易学。此外，由于《周易》经传，注重数，数学家们又引易学原理解释其数学原理以及演算的公式。宋代的易学家邵雍提出的先天卦序图，含有二进位制思维的萌芽。清代大数学家焦循，其数学成就同其易学的修养，也是分不开的。总之，从《易经》到《易传》，再到历代易学，是一发展的过程。就其理论思维的形式和内容说，可以说是后来者居上，逐渐摆脱了占筮的内容，成为中华文化的瑰宝之一，为人类的文明做出了自己的贡献。

三十六问：《周易》在国外也有影响吗？

答：若从近代开始谈，从明代末年、清代开始，西方天主教的传教士来中国传教，回国时带走《周易》，翻译成外文传播。17世纪，德国数学家莱布尼茨受拉丁文本《周易》的"阴"与"阳"两种符号的启发，创造了"0"与"1"的二进制数学，据此数学理论，诞生了电子计算机。计算机是科技史上的里程碑，这归功于《周易》。

《周易》受到世界著名科学家青睐，是因为《周易》的天人合一思想与现代科学关于宇宙"统一性"的探索相吻合。爱因斯坦终生寻找包罗万象的统一场，并将一切定律和方程式压缩到统一场中，用来解释任何现象。英国科学家斯蒂芬·霍金也指出："科学的终极目的在于提供一个简单的理论去描述整个宇宙。"《周易》的象数理与天人合一便是这个模型。美国物理学家卡普拉在《物理学之道》书中，对《周易》象数理模型同现代宇宙统一理论进行研究说："《周易》符号系统是一套宇宙原型，是解决未来科学大统一的起点。"瑞士贝嘉洛桑芭蕾舞团2005年2月在上海演出。贝嘉出生在法国，父亲致力于哲学研究，尤其是东方哲学。贝嘉受父亲影响，也喜爱中国神秘的哲学，尤其是《周易》，他把《周易》蕴含的美学与音乐舞蹈联系在一起，说自己每两年要看一遍《周易》。瑞士哲学家荣格说："谈到世界人类唯一的智慧宝书，首推中国的《易经》。在科学方面，我们所得出的定律常常是短命的，或被后来的事实所推翻，唯独中国的《易经》千古常新。相距数千年，仍然具有实用价值，与最新的原子物理学颇多相同的地方。"德国哲学家黑格尔曾赞道："《周易》代表了中国人的智慧。"著名经济学家、诺贝尔奖获得者查理森·威尔海姆曾说："《周易》中所包含的信息论思想，不仅启发我们科学家创造了计算机，而且正在成为越来越多的西方人日常生活的决策指南。"英国科学家李约瑟博士认为《周易》的太极图显示了宇宙力场正极和负极的作用。美国高能物理学家F·卡普拉认为太极图的运动变化原理与动力学一致。英国人克利斯朵夫·巴克特曾著有《易经——第一号成功预测》。

下面摘录王政挺先生《随易趣谈录》中关于《易经》在世界各地影响力的论述：

2007年12月28日，到中国来访的日本首相福田康夫，应邀在北大发表演讲。

在演讲中，福田康夫提出，"日中两国应成为建设亚洲及世界美好未来的创造性伙伴"。他在阐述中日战略互惠关系的重要性时，特别引用了《易经》，说《易经》的兑卦讲"丽泽"，中日两国的持续交流，一定会给周边带来滋润。许多的外国元首和政要都曾经在北大的讲坛上发表过演讲，然而，在演讲中引用《易经》，福田康夫当是第一人。（笔者是听众之一。福田康夫热情洋溢的讲话，引起全场听众热烈掌声，讲话全文刊登在报纸上。讲话中引用了《易经》，甚是罕见，由此可知，他熟知《易经》，似乎他把《易经》作为中日两国沟通的桥梁，令易学者称赞。）

在东亚，《易》随着汉文化一起被传播，历史悠久。早在公元702年（唐武后长安二年），日本颁发"大宝令"，要求学生通晓一两部经书，其中就包括《易经》。日本的明治维新，其年号"明治"便是取自《易经·说卦传》"圣人南面而听天下，向明而治"，当时提出的组阁原则是"不知《易》者，不得入阁"。明治维新时期还出现了被称为"易圣"的高岛吞象。他自幼熟读儒家经典，后因事入狱，在狱中偶然得到一本《易经》残卷，从此昼夜研读，得以精通其书，并发明"至诚无息"的占卜术。七年之后，高岛出狱经商，成为非常成功的商人。而且以占卜参政，其占筮不离《易经》卦爻辞，然几乎每占必中。他的《高岛易断》以多种文字流传于世，在国际易学界产生了很大影响。（高岛是《易经》通，其占筮例子很多，流传甚广，也很神奇。他继承了《易经》，在《易经》基础上，创立"至诚无息"占卜术，在日本官府和民间享有盛名，这彰显《易经》传到日本，对日本的影响力。）

在历史上，朝鲜也是最早接受《易经》的亚洲国家之一，李朝时期的易学家李滉，继承朱熹的易学思想，并有新的阐述，从而使《易经》更适合本国的国情。韩国还将太极图和乾坤坎离的四个卦，放到了国旗上，可见《易经》影响之大。

在西方，17世纪就已经有拉丁文版《易经》，是世界上第一部西文译本，为法国传教士金尼阁翻译出版，他也因此被称为西方易学上的哥伦布。

1882年，由英国传教士利雅各翻译，牛津出版的英文版《易经》，曾经在西欧被认为是最理想、最有影响的译本。1963年美国纽约大学又将其再版。

最早的德文版《易经》翻译者，是德国传教士卫礼贤，他精通汉语，在华居住达25年之久，曾被北京大学聘为教授。还在北京大学和德国法兰克福大学举办《易经》讲座。他在1913年开始将《易经》翻译成德文，译笔简洁流畅，忠实可信，成为利雅各之后影响最大的西方译本。卫礼贤的儿子是卫德明，曾任北京大学教授，于1943年向驻北京的德国人作学习《易经》的辅导报告。此报告后来以《周易八论》集结出版，是今天西方人学习《周易》的指南。

美国贝恩斯根据卫礼贤译本转译成英文的《易经》，1950年在纽约出版，这本书胜过所有据中文原著翻译的英译本，成为当今西方英语国家所通用的"标准译本"，一再被翻印。而比利时人哈雷兹1889年在布鲁塞尔出版的《易经》，则成为当今西方通用的法文本。

而且，中国的易学和西方的科学，也有着为人们津津乐道的交流。

(《易经》是东方的哲学。爱因斯坦说："西方科技没有东方哲学的引导，就是瞎子；东方哲学没有西方科技的支持，就是瘸子。")

在今天，《易经》已经通过拉丁文、德文、法文、英文、日文、朝鲜文、俄文、荷兰文等十多种文字，走向世界。欧洲、美洲、东南亚、日本等国的学者相继成立了易经研究组织，并在大学设立了易学专业，研究范围已由纯理论走向应用。

如此景象，自然令人陶陶。因为，不同的文明，只有通过对话和交流，才能继续获得发展。

三十七问：易学应该与西方科学相结合吗？

答：易学不仅与西方科学相结合，而且互补。前几个问答已阐述《周易》在国内外的影响力，互相辉映。正因为《周易》的形成有科学支撑，因此蔡福商先生能写出《八卦与原子》。明朝末年西方传教士来到中国传教，发现《周易》是一部奇特的书，与多学科有关联，回国时带走《周易》，从此逐渐传播，翻译成近10种文字出版发行。德国数学家莱布尼茨受《周易》的阴阳两种符号启发，创造出二进制数学。德国学者申伯格著作指出64个生物遗传密码与《周易》的六十四卦之间有一一对应关系……这些信息反馈到中国，虽然是些个例，是冰山一角，也折射出易学与西方科学的关联性和互补性。下面介绍刘一恒先生有关论述。

近年来，国内外的易学热潮一浪高过一浪，大潮涌起。易学现代研究应用在百花齐放中出现一些倾向、缺少科学的问题。大多局限在注释、考证、阐发的范围，墨守成规。

现代科学的发展为易学的现代研究开辟了新的视野，注入了新的活力，提供了新的方法，形成推进易学科学发展的强劲动力。一大批学贯中西的专家学者，面对现代科学的危机与挑战，从东西方思维方式、东西方科学方法论的比较中认识到东西方科学方法综合互补对易学研究的现代化乃至整个科学进步，都具有十分重大的意义。爱因斯坦晚年曾感慨道："西方科技没有东方哲学的引导，就是瞎子；东方哲学没有西方科技的支持，就是瘸子。"（爱因斯坦这段名言，在相关场合被多次引用〔三十六问答也引用〕。这位科学家的观点是，东方哲学与西方科技应该互补，也就是"哲学"与"科技"应该相互渗透，科技含有哲学因素，哲学含有科技〔学〕身影。否则，二者是"瞎子"或"瘸子"，是残疾。）德国物理学家海森伯指出："在人类思想发展史中，最富成果的发展几乎总是发生在两种不同思维方法的交会点上。"近现代不少科学家把东方科学方法与西方科学方法融合互补，引发或论证了宇宙演化理论、生物遗传密码、量子并协原理、宇宙全息原理、生物遗传算法、天文周期效应、混沌理论、超相对论、宇宙统一场论一系列前沿科学的重大发现。

不少科学家还从《周易》与现代决策科学的角度，研究出对于解决现代人类生存环境危机问题、现代经济社会发展重大决策问题有着借鉴价值的模型与规则。如天文气象的自然周期、天灾预测的公度法则、古今战争的"天时"因素、股市涨落的自然定律、安全事故的三象年历、人体气机的周期节律、环境风水的气势格局等。这些都为创新发展易学方法、重构易学方法论提供了宝贵的经验与重要启示。这些经验与启示归结到一点，就是著名学者张岱年先生所总结、倡导的"综合创新"方法论。

（选自《国际易经》杂志 2007 年 11 月刊，选时有删减，欲知详情看原文）

三十八问：《周易》论坛有外宾参加吗？《周易》是东西方文化的纽带接口吗？

一问：《周易》论坛有外宾参加吗？

答：国内外召开的《周易》论坛大会，相互都踊跃参加。我们召开的《周易》交流大会，当然也有很多外宾参加并在大会上发言。例如，海峡两岸《周易》学术论坛，2012年9月在中国安阳市的周文王坐牢的羑里隆重举行。外宾卡尔·霍顿在大会上的发言题目是"周易在当今世界的重要意义"，全文如下：

再一次参加今年周易与现代化国际讨论会，这是我们的特殊荣耀。我们的兴趣是世界的兴趣。如今热爱和平的人类面临着共同的威胁，我们的希望是能够通过中国对世界的最伟大的贡献之关键的和平、和谐与平衡迅速行动来解决世界难题。

20世纪早期，世界知名心理分析学家瑞士科技协会的卡尔·荣格教授发现中国思想一瞥，这一瞥改变了他的生活和他的事业，也影响到了另外一些人，包括两位曾经获得诺贝尔物理学奖的伟大的人物爱因斯坦博士和沃尔夫冈·保利教授。给卡尔·荣格教授这一瞥的，正是他的同仁和朋友理查德·威廉，一位从1898年开始到中国来传教三十年的德国传教士；因为理查德·威廉的语言优势，教堂允许他翻译一本道教冥想技巧的书《金花的秘密》和《易经，关于变化的书》。

理查德·威廉最后承认他被派往中国后从来没有改变一个中国人信仰西方宗教，但是他自己却接受了中国人的世界观。理查德·威廉在德国的达姆斯特智慧学院传授《易经》和中国哲学，荣格教授为支持威廉的事业，为威廉的两本书写了序言，最后为威廉的去世也写了颂文。

荣格教授也花了他的余生来试图化解中国和西方思想的差异。荣格在他的著名的分析心理学中使用冥想练习，试图在他著名的共时性理论中寻求周易中天地人的融合。从荣格、爱因斯坦博士和保利教授他们长久而深刻的交流中，相对论的新概念贯穿他们的余生。爱因斯坦留给我们的是时间的相对论。

自从《周易》的概念在西方被表现出来，已经过去一百多年。无论如何，早期变化中的必要基本元素在所有中国哲学、宗教和方法论中，包括风水、儒教、道教和佛教中的大乘小乘、新儒教、太极、针灸、中医等诸如此类，几千年来中国所有思想是天地人之间的平衡与和谐概念的普及。

《周易》的价值及重要意义在于使几千年来前所未有的中国人的生活、生存和繁荣成为可能，因此对人类和社会展示了其独一无二的独特的贡献。

在如今紊乱无序的世界里，西方企图理解中国人忍耐的智慧。荣格教授认识到可以在心理疾病患者中成功地运用中国人的思维智慧。在我们现代世界遭受战争、仇恨和质疑时，弘扬和发展以《周易》为源头的中国文化的基本的和平、和谐与平衡概念是我们的希望。

《周易》与现代世界是息息相关的，正如几千年前的中国一样。我们希望能够分享我们的梦想、荣格教授很久以前的梦想，希望大家在本次大会中感受到同样的和谐与平衡，在传授《周易》的同时珍惜每一个人的友情。预祝大会圆满成功。（李浠萌·丽达翻译）

二问：《周易》是东西方文化的纽带接口吗？

答：从本书以上有关多个问答，可以得出结论，《周易》是东西方文化的纽带接口。概述总结如下。

《周易》在朦胧中已预测到会有"七日节律"，在复卦、震卦、既济卦都出现"七日"，尤其《周易》开始的乾坤天地各"七"爻，与后来的西方《圣经》记载，上帝用六天创造天地万物，以第七日休息为一个星期，世界各国都遵守的"七日节律"的"七日"文化相呼应、共鸣、对接。这是《周易》这一中华文化首先走向世界。

孔子读《易经》，为《易经》作注解而写《易传》，使《易经》由占筮层次升华到哲学高度，成为东方哲学（延续至今仍是哲学书籍），东西方哲学应与东西方科技互补。大科学家爱因斯坦总结说："西方科技没有东方哲学的引导，就是瞎子；东方哲学没有西方科技的支持，就是瘸子。"

《周易》是中华文化的源头，还名扬天下。早在公元702年（唐武后长安二年），日本颁布"大宝令"，要求学生通晓一两部经书，其中就包括《易经》。日本明治维新，其年号"明治"就是取之《易经·说卦传》"圣人南面而听天下，向明而治"，当时提出组阁原则是"不知《易》者，不得入阁"。10世纪以后，日本国年号取自《易经》的有27次（详见第三十九问答）。

朝鲜也是最早接受《周易》的亚洲国家之一，李朝时期的易学家李滉继承朱熹的易学思想，并有新的阐述，使《周易》适合本国国情。

国旗是一个国家的符号、名片。韩国国旗把本书第二问答的先天八卦，选择乾坤坎离四卦，逆转45度，再加上《周易》太极图作为国旗，我们并未追究其侵权，就让韩国国旗弘扬《周易》文化，使之成为政治文化（包括上述《周易》在邻国日朝）。但需要指出，韩国国旗右上左下，是坎上离下的既济卦，喻能渡过河；而左上右下是乾上坤下的否卦，喻闭塞不通达，因此朝鲜半岛南北不统一。置放的太极图上下各半，上半部红色表示北朝鲜，下半部是韩国。阴阳鱼之间的分隔线走向恰是三八线。笔者在北京应邀给韩国留学生讲韩国国旗的意义时，听课者恰巧有一位金大中总统的亲戚，回国时到金总统（下称金）家里说此事……因此笔者被邀去韩国时，金问如何以《周易》文化看待韩国总统府和国情，笔者不客气地说青瓦台建筑是白墙青瓦，青瓦周边用白色勾画、飞檐，活像高级殡仪馆；玄武位是背靠山，但山的形状是圆顶的坟……与金谈了首都汉城以及风水迁都之事等，并建议韩国国旗把乾上坤下的"否"倒过来，形成坤上乾下的"泰"卦、亨通，朝鲜半岛有望统一。金说改国旗他办不到，他立即说"否尽泰来"。可见金对《周易》出口成章，说明《周易》在国外影响力已渗透到领导阶层。何时朝鲜半岛南北统一，那是内部自己解决，《周易》不干预、仅建议。

在明末清初，西方天主教传教士带近代科技来中国，回国时带走《周易》，首先译成拉丁文。17世纪德国数学家莱布尼茨，受《周易》阴阳符号的启发，发明了数学二进制，美国1946年利用数学二进制理论，发明了电子计算机，计算机的诞生是科技史的里程碑，与《周易》有关联。恩格斯说"没有数学的科学不能成为科学"。显然《周易》含有科学成分，因为对数学有贡献。(数学二进制是例证,其余见第三十三问答等。)

在第三十六问答中谈到,爱因斯坦终生寻找包罗万象的统一场,并将一切定律和方程式压缩到终一场中,用来解释任何现象。英国科学家霍金也指出:"科学的终极目的在于提供一个简单的理论去描述整个宇宙。"《周易》象数理与天人合一便是这个模型。美国物理学家卡普拉在《物理学之道》一书中,对《周易》象数理模型同现代宇宙统一理论进行研究,认为:"《周易》符号系统是一套宇宙原型,是解决未来科学大统一的起点。"让《周易》更进一步走向未来的世界。

上述从《周易》"七日节律"与西方《圣经》"七日文化"相呼应谈起,讲到《周易》东方哲学应与西方科技互补。《周易》在邻国日朝韩散发政治文化光芒,又与西方科学技术呼应。《周易》这些影响轨迹,彰显其多元化的价值观、丰富的文化内涵。中华文化中,是《周易》首先走向世界,其不愧为东西方文化的纽带接口。

三十九问：日本国多个年号是用《周易》起的名字吗？

答：是的。日本国年号不仅用《周易》起名字，还用中国其他典籍起名字。日本天皇每换代一次，就要更换一次日本国的年号。常用两个汉字，例如，"平成"年号的日本明仁天皇，于2019年4月30日退位。皇太子德仁在同年5月1日继位，年号取为"令和"，这是据日本古书《万叶集》取名。关于"令和"究竟出自日本古籍还是中国古籍，不仅在日本网上引发热议，而且2019年4月1日的《每日新闻》刊文称，多名汉文学者都认为"令和"受到了中国诗文集《文选》中的"仲春令月，时和气清"的影响。《万叶集》成书于8世纪末，集结了中国美文的《文选》完成于6世纪，7世纪到8世纪由遣唐史带回日本。在10世纪以后的日本年号，全部出自中国的"四书五经"，出典最多的是"五经"，其中最古老的历史书《书经》出典36次，《易经》27次，《诗经》15次。在江户时代，"四书五经"就已经成为日本的教材。

近代的几个年号，如"明治"出自《易经》的"圣人南面而听天下，向明而治"。还有"大正"年号也出自《易经》的"大亨以正，天之道也"，其意是一切都没有阻碍地正确地顺利地进行。

在日本有种说法是，年号就像显微镜，而公历就像望远镜，看到一个年号，就会想起那个年代发生的故事，比起公历的年份显得更有历史感。因此，明仁天皇曾在即将退位时说："对于'平成'作为没有发生战争的时代迎来结束，我感到十分安慰。"所以"平成"——和平成功——可谓实至名归！

由上可知中国的国学"五经"对日本国年号的影响，而《易经》被列为"五经"之首，已有27次日本国年号取自《易经》。

第四篇

四十问：你知道起卦容易解卦难吗？

答：同一个《周易》卦，解读者可以强调卦爻辞或卦爻象，选择其中合乎自己愿望的来定论。若与此相反的愿望，往往也能获得所需而成功。下面以为革卦、大过卦为例起卦，请看如何解读。

所谓"起卦容易解卦难"，是句行话。

因为见仁见智，也因为有小智、大智，当然也有不智。所以解卦之不易，见解之分殊，古往今来皆是如此，仅举二例如下。

其一，革命皇帝的故事。

革卦，这是在中国文化古籍中最早见到"革命"两个字的地方。其象辞有云："汤武革命，顺乎天而应乎人。"汤是指商汤。夏桀暴虐，屡劝不改，故商汤"代天行罚"，要改换天命。其作誓辞说："非台小子敢行称乱，有夏多罪，天命殛之。……尔尚辅予一人，致天之罚。"革命后，又向天下所有的部落邦国发出诰命，称："天道福善祸淫，降灾于夏，以彰厥罪，肆予小子将天命明威，弗敢赦。"天下皆服。

在此省略北齐时，高洋给父亲选墓地，占筮得革卦。吴遵世断卦不吉；赵辅和断卦吉，被高洋接受。后来高洋成为北齐开国皇帝。详情请看原著。

其二，汉武帝的故事。

据尚秉和《周易古筮考》："汉武帝伐匈奴，筮之，得大过之九五。太卜谓匈奴不久当破，占用'何可久也'一语。乃遣贰师伐匈奴。后巫蛊事发，贰师降匈奴。武帝咎卦兆反谬。"

大过卦，表现的往往是大大超过常态的状况，其九五的爻辞主要有两个象："枯杨生华，老妇得其士夫"，要枯死的杨木突然开出了花，老太太得配正常男人。这些都是非常状况。枯杨之花，自然不会长久，老太太便是配了男人，也不会有生命力，生不出孩子。故而其象曰："枯杨生华，何可久也。老妇士夫，亦可丑也。"然因为有"何可久也"这句话，汉武帝的太卜便认定匈奴不久当破，于是，汉武帝派遣贰师将军征伐匈奴。

贰师将军叫李广利，是个有背景的人，他的妹妹就是汉武帝那个"倾国倾城"的宠姬李夫人。他曾经奉武帝之命，多次率大军远征大宛，进击匈奴，有大胜，也有大败。最丢脸的一次是他听任李陵将军深陷匈奴重围，自己逃了回来。李陵以不满五千的步兵，对抗几万匈奴骑兵，斩杀无数，最后寡不敌众，又得不到救援而被迫投降。消息传来，大臣们在朝廷上都谴责李陵贪生怕死，唯有太史令司马迁为李陵说几句公道话。汉武帝认为是有意贬低李广利，勃然大怒，将司马迁下了监狱，后来又处以宫刑。

这一次，因为占卦必胜，汉武帝又想让李广利得到这个功劳。结果呢，李广利是先胜后败。战争还在进行的时候，李广利得到传闻，说自己在京都的妻子，因卷入太子谋反的巫蛊案而下狱，于是他率部深入，意图立功免祸。但因为内部分裂，军心不稳，结果反而遭到大败。李广利走投无路，只得向匈奴投降。单于倒知道李广利在汉朝的身份，还把自己的女儿嫁给了他。

关于这件事情，汉武帝在他的轮台罪己诏书中是这么说的："《易》之卦得大过，爻在九五，匈奴困败。公军方士、太史治星望气，及太卜龟蓍，皆以为吉，匈奴必破，时不可再得也。又曰：'北伐行将，于鬴山必克。'卦诸将，贰师最吉。故朕亲发贰师下鬴山，诏之必毋深入。今计谋卦兆皆反谬。"

解卦贵在观象玩辞。

再拿大过卦来说，大过卦上下两边两个阴爻，中间四个阳爻，就可以看成是个放大的坎卦。而以放大的坎卦来解汉武帝的那个卦，意思就不同了。因为中间四个阳爻，可以互卦为乾，乾为刚健，所以可以打胜仗。这就意味着李广利前面是可以取胜的。但是，又因为再怎么设法，坎还是坎，还是过不去，所以最后还得陷入重围，致于失败。再有，大过卦的上卦为兑，兑有口舌之象，有毁折之象，正应了李广利听闻自己的妻子卷入太子谋反案，因而军心动摇。而且，大过卦有匹配反常之象，比如"老夫得其女妻""老妇得其士夫"，单于将女儿送给李广利为妻，也正是类似。

也就是说，同样一个卦，也是可以推出相反的结果的，什么都是可以解释的。当然，境界却有不同，还是可以分出高下。

（以上摘自王政挺《随易趣谈录》一书）

四十一问：《周易》推理的基本方法是什么？

答：有基本方法，还有的学者说无基本方法，是说解卦者是象数派，便以象数解卦；若是义理派，则以卦爻辞解卦，这都属于"《周易》猜想"。伏羲画八卦，从观察中得来。《易经杂说》里说"卦"，就是挂起来的现象。"卦"字可分解为"圭""卜"二字，"圭"是古代容量单位，"卜"是卜筮。由此可形容《周易》把"卦"挂起来的内涵很丰富，让后人解读。下面选录周山先生《读易随笔》中的相关论述，阐述《周易》推理有三种基本方法，其中有笔者评论。

《左传》《国语》这两部古籍中，记录有二十余筮例。从这些具体生动的占筮故事中，我们可以明确知道《周易》的推理基本方法有三种。

第一种是"据象推理"。这是按照取象比类规则，通过对卦象的分析，推断事物情况吉凶祸福的一种基本方法。

在《左传》《国语》的二十二个占筮记录中，有四例运用了这一方法。其中，《左传》记有三例，有两例是直接援引相关卦象决疑解难。其中一例这样记道：

昭公元年，晋侯求医于秦，秦伯使医和视之，曰："疾不可为也，是谓近女色，疾如蛊。"赵孟曰："何谓蛊？"对曰："淫溺惑乱之所生也。于文皿虫为蛊，谷之飞亦为蛊；在《周易》女惑男、风落山谓之蛊，皆同物也。"

蛊的下卦"巽"为长女，为风；上卦"艮"为少男，为山。所以，这一重卦象征长女诱惑少男，又象征风将山木树叶吹落的萧瑟景象。医和通过对蛊卦卦象上、下经卦之间关系的分析，类比晋侯所患的淫溺惑乱之症非药力可救。

第二种是"据辞推理"。这是通过对卦辞、爻辞的例说分析，类推事物情况及吉凶祸福的一种基本方法。《左传》《国语》的二十二个占筮记录中，有八例运用了这一方法。其中最典型的一例，是发生在昭公二十九年的一个记载：

秋，龙见于绛郊。魏献子问于蔡墨，……对曰："……龙水物也，水官弃矣，故龙不生得，不然《周易》有之，在乾之姤（是乾卦初九变初六为姤卦）曰：潜龙勿用。其同人（是乾卦九二变六二为同人卦）曰：见龙在田。其大有曰：飞龙在天。其夬曰：亢龙有悔。其坤曰：见群龙无首，吉。坤之剥曰：龙战于野。若不朝夕见，谁能物之……"

据说有人在绛郊之地见到了龙。（上述"据象推理"时，蛊卦对晋侯求医是不可救药，是不吉，是病症"非药力可救"。若"据辞推理"，其卦辞"蛊，元亨，利涉大川，先甲三日，后甲三日"。这是说就晋侯求医治病是"元亨，利涉大川"，是药力可渡过难关，吉。）

第三种是"象辞结合推理"。这是将卦象与卦辞、爻辞结合起来作为根据，对事物情况作出判定的推理方法。《左传》《国语》中，运用这一方法进行推理的筮例最多。在这类推理中，有将卦象与卦名结合起来加以分析推论的方法，有将卦象与卦辞结合起来加以分析推论的方法，也有将卦象与爻辞结合互证的方法。例如，《国语·晋语》中有一筮例记载道：

十月，惠公卒。十二月，秦伯纳公子。……董因迎公于河。公问焉，曰："吾其济乎？"对曰："……臣筮之。"得泰之八，曰："是谓天地配，'亨，小往大来'。今及之矣，可不济之有！……"

董因替重返家园的晋国公子重耳占了一卦，遇泰卦。于是，董因先分析卦象：该卦上坤下乾，坤为地，乾为天，天往上而地往下，因而天地相交，万物生成，是一个天地相配的卦象。接着，董因又引述卦辞"亨，小往大来"，判断重耳受排挤迫害的流亡时代已经结束，万事亨通、施展抱负的时代已经来临，鼓励重耳及时返归家园。

《周易》的推理方法，虽然可以清楚地划分为以上三种类型，但是由于对卦象分析的多元性、名辞解释的歧义性，以及人们对周围环境观察分析的片面性、对占筮技巧的熟练性，还有当事人在主观意志等心理方面的种种因素，对于同一个卦，往往会进行不同的分析，作出不同的判断。

由此可见，在决疑解难时，因为种种主观心理因素的干扰，正常的推断并不一定都能被人接受。当然，占断的争议性，大多来自占筮之后对相应的卦象或卦辞、爻辞的不同解释。同样以占遇困之大过为例：清代学者纪晓岚少年赴乡试时，老师为他占了一卦，也是遇困之大过。根据变爻规则，以本卦变爻辞占断吉凶。老师以为"凶"，劝其下次再应考。纪晓岚却不以为然，理由是：自己少年尚未娶妻，何来"入于其宫，不见其妻"？他根据爻辞中的"困于石"判断：此番乡试能中举，只是有可能不如一位姓石或名字中有"石"的人。应试的结果，少年纪晓岚果然名列第二，解元头衔为一名姓石的人所得。

笔者认为尤其观"象"更灵活，可发挥个人的想象力，公说公有理，婆说婆有理。还可用互卦、变卦、旁通以及取象比类等等去发挥。

四十二问：推理过程取象比类有哪些基本规则？

答：《周易》形成分两个阶段，即符号系统和文字系统。首先是没有文字的符号系统，由卦爻象解读。虽然"象"比较抽象，解读者凭自己的感觉可以发挥想象力，对所需要的结论能以象解读。孔子说"《易》者象也"，一言道破，以象喻义，是《周易》思维的特色。但是，这一特色（包含象数折射义理）耐人玩味的优点中还含有多义性。下面选录周山先生《读易随笔》中较系统的相关阐述，其中有笔者的评论。

与西方的传统逻辑相比，《周易》取象比类的推理更复杂。它以类比为特点的推理形式，自有其逻辑与智慧的魅力。它所特有的一些取象比类的基本规则，使得这一推理系统具有一定的规范性和普遍有效性。同时，由于诸多规则之间的互相渗透、补证，这一推理系统又往往给人以深邃玄秘的感觉。取象比类的规则，主要有以下四种：

第一种：自然递进规则。重卦六爻，按自下往上循序渐进的规则，对一类事物情况的发展规律作出解释，得出当否（吉凶）的结论。卦辞尤其爻辞，则具体形象地体现了这一自然递进的推理过程。在六十四卦中，最典型的要数渐卦了，该卦由下往上，通过干（水洼)、磐（涯岸）、陆（高地）、木（大树）、陵（丘陵）、逵（天空）等不同地理位置之辞，对"鸿"的成长行进规律作了推演，作出吉、凶、无咎等判断。（还有一个典型例子是乾卦，其六爻由初爻依次到上爻，在递进推演中，哲理性和逻辑性都很强。）

　　渐卦从初六到上九的六个爻辞告诉我们：鸿雁在幼小刚脱离母雁时，只能在水中游动，并且像小孩学步那样有种恐惧感，于是便有嘲笑它胆小的言语出现。其实幼雁不急于上岸的态度符合它所处阶段的成长规律，因而不会有失误。幼雁稍稍长大便蹒跚着爬上涯岸，在石缝之间欢快地寻觅食物。一经爬上陆地，便感觉到生存竞争是那么激烈，就像男子汉出征一去不返、女孩子怀孕总是伴有流产那种危险；鸿雁觉悟到，只有学会防御外来侵略的本领，才能幸免于难。鸿雁羽毛渐丰，终于能够飞上高树，并且能够利用树杈构巢筑窝平安生活了。日渐成熟的鸿雁又飞上高陵，但是事物的壮大不可能一帆风顺，就像美丽的新娘不一定马上怀孕生孩子。羽毛丰满的鸿雁冲天而起，在太空遨游，羽毛漂亮得可以做装饰品。鸿雁之有今日，在于它能循序渐进，一步步打下坚实基础。

　　这是一卷丑小鸭演变成天鹅的生物个体发育图，在整个发展过程中，蕴含着系列具有普遍意义的哲理，给人们以种种联想。人们在占事活动中，根据所得卦象，依照自然递进的推演规则，确定其中的某一爻象以及由此爻象衍化出来的譬喻性爻辞，进行举一反三的推理，便可获得所需要的结论。（笔者认为这论述很精彩，因为这是"具有普遍意义的哲理，给人们以种种联想"，又说可以"进行举一反三的推理，便可获得所需要的结论"。这与乾卦的龙，在爻位上，由下往上合乎逻辑的逐渐变动，不仅仅是动物龙（渐卦是鸿雁）的生物体系，可以应用在事物发生发展方面，由小到大，由盛到衰。例如经营管理，等等，具有普遍意义。）

总之，凡根据爻位高下出辞，并由此进行的推理，都是遵循自然递进规则的取象比类方法。

第二种：三段规则，又称三才规则。重卦六爻自下而上两爻一组，分为三个段，先人依次将这三个段称为"地""人""天"，以象"三才"，即初、二爻为"地爻"，三、四爻为"人爻"，五、上爻为"天爻"。一个爻所在何段，便确定了这个爻的基本性质。六十四卦中，最典型的例子是乾卦，它的六个爻辞，都是严格地按照爻所在段中的位置而出辞，进行取象比类的推衍。

先看"地爻"：初九：潜龙勿用。九二：见龙在田，利见大人。初九是地段的下位之爻，有如处在地表之下，所以用"潜"字作喻；九二是地段的上位之爻，有如处在地之表面，所以用"在田"作喻。

再看"人爻"：九三：君子终日乾乾，夕惕若厉，无咎。九四：或跃在渊，无咎。九三是"人"段的下位之爻，因而用"君子"作喻；虽有一定地位，还应继续努力，向更高的位置攀登。九四是"人"段上位之爻，位极人臣，须有如临深渊的心态。（卦的第三、四爻是人爻，笔者切入俗话说，"不三不四不是人"的辞语来源于此。）

最后看"天爻"：九五：飞龙在天，利见大人。上九：亢龙有悔。九五是"天"段下位之爻，因而有"飞"天之辞；后人称帝王为"九五之尊"，源自于此。上九是"天"段上位之爻，天之极处，不可再进，因而有"亢"之喻。

地、人、天，处于不同段的爻，其性质也随之差异。推理时，应根据该爻所处"段"的情况进行分析，并作出恰当判断。因此，所谓三段规则，实际上是将六个爻分别放在三个不同的环境中进行考察，作出分析判断。

第三种：二段规则，又称八卦规则。这是以三个爻为一符号组的取象比类规则，即根据内、外两个经卦之间的上、下位关系，进行类比分析，对六爻重卦的象征意义作出总体性的释义定位。

与咸卦相近的蛊卦，内卦是"巽"为长女，外封是"艮"为少男。巽下艮上，象征长女追求少男，为"女感男"之象。所以，该卦取名"蛊"即"蛊惑"，寓腐败之意。

第四种：整体规则。六爻重卦中的每一个爻，都与其他五个爻之间存在着千丝万缕的关联；从重卦的整体角度分析其中一个爻所象征的意义，就是所谓的整体规则。

以大过卦的第二爻为例。该爻是这一重卦的四个阳爻中处于最下位的一个，因为它处于"地"段的上部，所以该爻就像一株老树根部生发的新芽，阳气方盛；向上追求，接连三个都是阳爻，第六爻才是阴爻，故上求阴爻难应。在它的下位便是初六阴爻，且同处"地"段，可供地表的老树新芽以生气。这样的境遇，若以婚姻而论，亦属可取，所以，九二爻辞以"枯杨生稊，老夫得其女妻，无不利"为喻。（历史记载崔武子要决定是否能娶美女棠姜，求筮得困卦，被"困"，不吉利。解卦者说困卦第三爻是动爻，该爻变动为大过卦，理由是更不吉利，婚姻失败。但本文说大过卦若以"婚姻而论，亦属可取"，又说大过卦九二爻辞以"枯杨升华，老夫得其女妻，无不利"为喻，显然结论是成功。但历史记载婚后结局悲惨，婚姻不成功。然而本文说婚姻成功，笔者认为这也是可能的，理由呢？请看第二十九问答。）

四十三问：怎样理解解筮无定法要灵活？

答：首先要弄清《周易》是一本什么书，这有争论。《周易》先天有占筮性，自诞生起就被打上占筮烙印，是占筮书。孔子解读时挖掘出阴阳变化等，写了《易传》即十翼，给《易经》插翅飞翔到哲学层次，从此《周易》又是哲理书。笔者认为这二者皆对，应该是众人共识无争议。但哪一个占主要地位、是它的本质，却有不同的看法。孔子学《易》不占筮，孔子说"不占而已矣"。荀子说"善为易者不占"。至今已无人手拿五十根蓍草或竹签左右手倒来倒去做占筮。剥去《易经》占卜外衣，便显露出哲理性、科学的身影。哲学家冯友兰说《易经》是"宇宙代数学"。数学家华罗庚对笔者说《周易》是"宇宙方程式"。正如这二位名人所言，《周易》涵义深奥，既有未知的预测，又有科学即数学的框架。但是在古代却有大量占筮的记载，仅仅《左传》《国语》就有近30例。当代出版的都是抄录这些例子加以发挥。笔者在讲课时也选用这些例子，本书问答也如此。选用这些例子，不是为了宣扬占筮，而是了解古代一些历史故事，尤其是利用占筮所得的卦，如何解读才能断卦，需要丰富的《周易》基础知识，借此机遇学习复习这些知识，还可增长思维能力，是脑力操。例如六爻之间的比、应、乘、承等，卦之间的错卦、覆卦、互卦、变卦，等等。还能启发如何灵活解卦，甚至《周易》无能为力时，转入《易传》去断卦，显示解筮无定法，本问答便是，好像六十四卦是积木。此处试从王政挺先生《随易趣谈录》中摘录举例如下（有删减，欲知详情请看原著）：

筮无定法。

而且古来如此。

自然也没有标准答案。

有人通考《左传》《国语》，其中所引用的或自筮所得易筮用例，《左传》凡二十六条，《国语》凡三条。总共不到三十条。然查其筮辞，有与今本相同的，也有与今通行本相异的。查其方法，有既举变爻辞，又用卦象占断的，有单举变爻辞为占的，也有纯以卦象卦德为占的，还有举变爻辞及之卦变爻辞参占的。总之一句话：五花八门。

这里有个筮例：

纪晓岚早年乡试，老师为他起个卦得困卦，困卦之六三爻，云："困于石，据于蒺藜，入于其宫，不见其妻，凶。"根据通常的解释，这是个凶象。为乱石所困，被蒺藜所伤。回到家里还见不到妻子。是进退失据，找不到安身的场所。是为非所困而困，无法挽救。连孔子都认为"非所困而困焉，名必辱。非所据而据焉，身必危。既辱且危，死期将至，妻其可得见邪？"

纪晓岚也占得此困卦，当时把老师就吓坏了。

可是纪晓岚却有自己的理解。他说，自己还没有娶妻，何妻之可见？"不见其妻"的意思应该是"莫之与偶也"，没有人能够和自己比。所以这次乡试，应该能够拿第一名，也就是解元。而"困于石"者，纪晓岚的理解是第二名的姓名有石字或石旁。

应该说，这是纪晓岚对自己充满自信而作出的与经典完全不同的理解。结果怎么样？

"榜发。果第一，第二名亚元则石姓也，第三名姓米，米字形象蒺藜。其神验如此。"（在第四十一问答中，应试结果姓石的获第一名，纪晓岚列第二名。把前文内容在此重复，是为了显示内容相同但结论不同，让读者辨是非。）

所以说，占筮是非常灵活的，完全是富有想象力的活动。并且与科学方法完全不同，如此而形成的结论也完全不同于科学论断。科学有确定的思维过程。科学是可以证伪的，过程可以再现，是可以检验的，有明确的标准。一个被称为科学的论断只要出现一个反例，那就不能够成立。一般说"天下乌鸦一般黑"，是可以的。然而，只要发现一只白乌鸦，那么，这个结论就不能够成立。这就是证伪，人们的科学认识在证伪之中前进。然而，占筮则不同，于占筮而论，只要有一次解释"神验如此"，那么如此的解释就是可以成立的，至少可备为一说。

占筮也要讲道理，但是道理未必是真理，区别在于真理是唯一的，有真理，也有伪真理，但是伪真理并不是真理。道理则不同，公说公有理，婆说婆有理，说法很对立，却可能都是成立的。这样的情况我们可以举出很多。

四十四问：请举出用象来解卦爻辞罕见的例子

答：先天的《易经》仅有阴阳符号为象，有了文字时，据卦爻象的含义添加上卦爻辞，二者含义应该吻合，但却有一些二者无关联性。有的学者把二者有关联的用卦爻辞解读象；反之，用象解读卦爻辞的例子却罕见。为了弥补这罕见，下面特选郭彧先生《推天道明人事》一书中相关论述，虽简短，但可启发新思路。

《易经》六十四卦，除乾和坤两个纯卦之外，余六十二卦称作"杂卦"。

按"非覆即变"原则，六十二杂卦分成三十一对。由于每对杂卦之间有卦象和系辞方面的联系，所以不能随便打乱每一对卦。《易传·系辞》说：六爻相杂，唯其时物也。其初难知，其上易知：本末也。初辞拟之，卒成之终。一卦的六个爻相互错杂，惟独体现特定时空中的物象。初爻的象征难以知晓，上爻的象征容易把握，这是因为有本始与末尾的缘故。初爻的爻辞比拟事物的开端，上爻的爻辞确定事物的结局。一卦的初爻和上爻都与其对卦的上爻和初爻之间有着卦象方面的联系，因此也有着爻辞之间的联系。

下面举一些有关这方面的罕见例子，开辟新思路。

例一：用象解屯卦卦辞

屯卦的卦辞是：屯。元亨，利贞。勿用有攸往。利建侯。

[译] 大亨通，利于占问。不要有所远行，利于分封土地给诸侯建立邦国。

首先，用卦象解释"元亨利贞"。黄宗羲说"六子全"就说"元亨利贞"。屯卦上坎为中男，下震为长男，有互艮为少男，有互坤为母，就有三女，似乎合于"六子全"之说。其次，用卦象解释"勿用有攸往"。上行为"往"。坎为"坎堇"，是深水坑的意思，有险境在前面。下震为"作足"、为"大涂"、为"动"，具有"有攸往"的能力，就是说具有长途跋涉的能力，但是前面三至五的互艮为"止"之象，就是有"阻挡"，更前面又有坎象，既为水坑又为"盗寇"，动于险中，所以才说"勿用有攸往"。一阳处下，是"潜龙勿用"，也是说"勿用有攸往"的根据。最后，用卦象解释"利建侯"。初至五互离象征"戈兵"，又象征"甲胄"；坎象为"盗寇"，互离入上坎，有征伐盗寇之象，四爻是侯爵的位置，五爻是君王的位置，初九为震主爻，与六四成正应，震君子讨伐盗寇立功，因而说"利建侯"。

例二：用象解屯卦九五爻辞

屯卦九五的爻辞是：九五：屯其膏。

[译] 九五：提炼肥猪肉里面的油脂。占问小事吉祥，占问大事凶险。屯其膏：膏是油脂。九五是一卦主爻，要看全卦象。坎为"豕"，就是象征猪，上坎取猪肉象，二至四互坤象"釜"，初至二互半离为"小火"之象。把猪肉装入釜内，下生小火，小心提炼。

四十五问：用象解读能灵活到什么程度？

答：《系辞下传》说："古者包牺氏之王天下也，仰则观象于天，俯则观法于地，观鸟兽之纹，与地之宜，近取诸身，远取诸物，于是始作八卦，以通神明之德，以类万物之情。"这表明古人对宇宙现象和人类社会活动的观察，将仰视和俯察的结果转化为"卦"，"卦"是"象"的一种较为抽象的表达方式。原来的象一旦抽象，便成为一种"类万物""通神明"的更广泛适用的象。原来的象是什么已经无关紧要，可以为今后思考问题时新的立象之用。该"象"通过联想、类比等方法会唤发对新事物的认知。"卦"一旦设定，便成为一个抽象的模型，适用范围更加广泛，它原来是据什么"象"设定出来的，已经无关紧要，只是模型一个特例而已。卦爻符号构成象，而后添加上文字企图说明象。但很多经文古奥又简略，不知说些什么，反而用象来解释经文，"数"由"象"生，以象为主，这是象数派的特点，由上述对象阐述再用联想与类比的思路，以象数论卦的适用面自然很广泛。因此，多种事物、多种专业学科，只要贴近"象数"的，都可以拿《周易》说事，本书选的很多例子便如此。笔者协助数学家华罗庚工作时，曾讨论数学的抽象性。华老说："越是抽象，其应用面越广泛。"此语在此很适用。

四十六问：为什么说唐朝黄贺是占筮高手？

答：唐朝史料记录，黄贺是占筮解筮的高手，他解卦时，随心所欲，只要能达到追求的结论，象数理全用，而且很灵验，被后人称赞。下面选自《随易趣谈录》中记载的例子，短而精。

唐朝张鷟著有史料笔记《耳目记》，写了一个叫黄贺的占筮高手，云：唐昭宗时，有黄贺者，自云巩洛人也。因避地来，涉河游赵，家于常山，以卜筮为业。而言吉凶必效。

1. 赞皇县尉张师曾卧病经年，日觉危殆，已经到了良医也不再处方下药的地步，因此请黄贺给算上一卦。卦成，黄贺告诉说："'无妄之疾，勿药有喜'，没有什么病，不用药就能好。停止治疗，五天就会康复。""师果应期而愈"。

"无妄之疾，勿药有喜"，语出无妄卦，是以爻辞做断。

2. 又过了几十年，张师做梦，梦见一只白鸟正在天上飞翔，突然就从云端坠落下来。醒来后，他感到心神恍惚，又请黄贺来算上一卦。黄贺当即占筮，卦成，惨然而问："你早晨睡觉时是做了个梦吧。若是做梦定梦见鸟飞了。雷震山上，鸟坠云间，声迹两消，不可复见。希望自己多加保重，乐天听命吧。"张师竟然没再起来，享年七十一岁。

雷震山上，鸟坠云间，其实是个小过卦象。

小过卦，其整体卦象，上下各二柔爻，中间为两个刚爻，如同振翅而飞的小鸟。而且"飞鸟遗之音"，非常形象，当你听到声音抬头看，小鸟刚好飞过，是为小过。

但是，小鸟不能够无限往上飞，太过头就不行。所以小过卦爻辞有"飞鸟以凶"，有"飞鸟离之，凶，是谓灾眚"。又，小过卦下卦为艮为山，上卦为震为雷，"雷震山上，鸟坠云间"。以此象观人，自然是凶多吉少。

3. 有一个叫段诲的人，官任藁城镇将。一次他夜宿邮亭，"马断缰而逸"，几天过去了也没有找到。于是派人到集市上问卜，占得睽卦，动在初九。黄贺据睽卦卦爻辞分析：

睽卦卦辞云："小事吉。"主小事吉利。动在初九，其爻辞云："悔亡，丧马勿逐，自复；见恶人无咎。"应有丢失的事情发生。"无乃丧马乎?"大概就是丢了马吧！不用去找，一定会有人牵着给送回来。

果然，去问卜的人还没有回到府上，就有"边鄙恶少"即边野之地的小流氓牵着这匹马送还上门。于是，也应了"见恶人无咎"。只是这句话爻辞中有，黄贺没有说出来。

4. 唐昭宗时，行军司马路晏，一次夜间上厕所，发现有一个盗贼藏在那儿。路晏急忙取烛火照看，盗贼出来告诉他："请将军不要惊惧，我是奉命来刺杀你的。但是得知将军为人公正耿直，不忍出手。"说完还剑于鞘，转身离去。路晏从此昼夜警惕，以备不虞。并召请黄贺问卜。卦成，黄贺因以分析：

是夬卦，动在九二。九二爻辞云："惕号，暮夜有戎，勿恤。"

夬卦下卦为乾，乾为惕。九二上应爻五，夬卦上卦为兑，为号，故曰：惕号。又，兑有昧谷之象，有兵戎之象，故曰：暮夜有戎。然九二与九五为阳阳敌应，不会产生反应。故而"勿恤"。故而，暮夜有戎也被认为有惊而无险之象。

（有删减，详情看原著）

四十七问：历史上有神奇占断吗？

答：历史上的确有神奇占断，不按传统惯用的思路，拐弯抹角寻找所需的目标来断卦。选用《随易趣谈录》中三个小故事供欣赏。故事一是宋程迥求筮得巽卦，解卦者说将发生火灾，果应验。故事二是关羽兵败，夜走麦城，孙权获知求筮得节卦，解卦者说"不出二日，必将断头"，果应验。故事三是日本一患者病重，母亲求筮得剥卦，解卦者说六五爻辞"贯鱼，以宫人宠，无不利"。"贯鱼"是针治，"以宫人宠"是姓宫的人能用针治此病，结果治好。这些故事，解卦的方法，您会想到吗？这是神奇断卦，详情如下。

据《周易古筮考》：宋程迥寓余姚僧舍，筮之遇巽。占曰："有风火之恐而不及害。"未几，舍北火发，焚十余室至寓舍止，县取纲维与遗火僧杖之。其占曰："巽为风，互体离为火，兑为毁折，变震，为惊惧。初六为内卦之主，不与离应，故曰'不及害'。巽为寡发，重巽二僧之象，反对重兑，兑为决，二僧受杖之象。"其奇验如此。

程迥是南宋著名易学家。此为程迥自占自解的一个案例。

程迥住在余姚僧舍，大概是因为消闲，通过传统的筮法得了巽卦，他断定此卦象预示有风火之恐，然伤害不太大，并且祸不能及自身。过不久，果然在僧舍的北面发生了火灾，烧毁了十余间僧舍，火烧到了程迥住的这间僧舍停止了。后来，治理余姚的地方长官对失火有责任的两个僧人进行了杖罚。

程迥是这样推演的：

巽其八卦类象为风。

巽卦中，九三、六四、九五，可互卦为离，离为火，故有火之象。巽卦九二、九三、六四可互卦为兑，兑为毁折，是为火毁之象。

又巽卦旁通震卦，因为巽卦与震卦这两个卦，其阴阳爻画完全相反，是彼此的错卦和覆卦。不是说事物的充分根据在其对立面吗？我们换个角度看问题，震卦就出来了。震卦为动，为惊惧。场面很可怕！

然而，"不及害"也！程迥认为初六爻为内卦之主，内卦为己。根据爻与爻之间的相应关系，初爻当应在四。但是在巽卦中，初六与六四皆为阴爻，同性相斥，是为敌应，而六四正是互卦构成离火的核心。所以，既然初六与六四无应，大火也无害于自己。

至于事后二位僧人受杖罚，程迥也从巽卦卦象给出解释：巽有寡发之象，正可推及僧人。巽卦重巽，又正好是两个僧人。

将巽卦倒过来，可得其综卦，也就是兑卦。重巽而得重兑。兑卦主决，兑为金巽为木，金克木，正是二僧受杖之象。

这就是巧妇！看来仅有几粒米，经过一番错综复杂的加工，竟然变出了如此丰盛的大餐。

东吴名将陆逊大战蜀国五虎上将关羽，关羽兵败，夜走麦城。孙权听到了这个消息，就让当时一个大易学家虞翻给算一卦：遇节之临。

虞翻一句话八个字："不出二日，必当断头。"

因为"遇节之临"，是五爻变，所以专以五爻之象推。如果将节卦六个爻作为一个人的整体，那么五爻正处于头颈的位置。五爻在节卦是阳爻九五，头颈是连着的，变而为临卦的六五，成了阴爻，中间断开，项断矣，故应断头。

此事在《三国志》有记载：关羽既败，权使翻筮之，得"兑"下"坎"上"节"，五爻变之"临"，翻曰："不出二日，必当断头。"果如翻言。权曰："卿不及伏羲，可与东方朔为比矣。"

日本易学大师高岛吞象（第三十六问答中介绍高岛吞象）在明治十四年春，遇到这么件事：横滨有位病人，腹内疼痛难忍，已经请了内外医生，怎么吃药也没有效果，病情反而加剧。他的母亲因此找到高岛吞象，无论如何也要占一卦。得到剥卦，其动在六五。

剥卦六五其爻辞云：贯鱼，以宫人宠，无不利。其象曰："以宫人宠"，终无尤也。

高岛吞象因此断言：剥是剥落的意思，剥卦阴剥阳，至上爻，则一阳将尽，有精神消灭之象。幸亏占得五爻，赶紧治疗，尚可出万死而一生。爻辞曰："贯鱼，以宫人宠。"贯是穿的意思，在此可解为以针穿物，所以应该用针刺病人的穴位。我不通医道，也不知道病人的情况是否可以用针，只是根据易象来作出推断。所以，一定试试用针刺疗法。

病人母亲说："有东京针治家若宫氏，与我家相近，可以请他来治。"

高岛吞象说:"我已经说过,爻辞曰'贯鱼,以宫人宠'。那个人正好姓若宫,也带宫字,最妙,可速招之。"

病人母亲回去即请若宫氏诊治。

若宫氏来了后,先抚患者肢体,并询问病状,如有所感,说:"这样的病况我有过经验,再迟恐怕就来不及了,得马上施针。二三时间若腹中雷鸣,那就是平愈之兆。否则,就无力回天了。"果然,施针后不久,病人腹中雷鸣。苦闷忽灭,不日平愈。

(有删减,欲知详情看原著)

四十八问：有用既济卦解梦的吗？

答：既济卦是离下坎上，初、三、五为阳爻居阳位，二、四、上为阴爻居阴位，各就各位。三阴三阳互相对应，平衡摆放，各占一半，给人平衡圆满的感觉，《周易》用它来表示人生或事物圆满的终结。如果占筮得此卦，应该曰吉。如果梦中事物解筮者推理为既济卦，推理轨迹如何？结论如何？下面选用《易经的故事》一书中的精彩论述。笔者讲课时也曾选用，获得学生的好评。

弗洛伊德以《梦的解析》而闻名于世。因为他从梦境之中，分析出了意识和潜意识。而在中国，自古以来也很有人注重解梦。《晋书·苻融传》就记载了苻融借梦断案的故事。

前秦苻融是苻坚的弟弟，史称"少而岐嶷夙成，魁伟美姿度"，而且，也很有见识。他在担任司隶校尉的时候，曾经数破奇案，其中有个案子，便是解梦而破的。

事情是这样的："京兆人董丰，游学三年而返，过宿妻家。是夜，妻为贼所杀，妻兄疑丰杀之，送丰有司。丰不堪楚掠，诬引杀妻。"

但是苻融感觉此事有些蹊跷，他问董丰："你这次回来，有没有遇到过怪异之象,是否有过卜筮?"

董丰说,案发前他做过个梦,梦见自己骑马渡河,是从北岸到南岸,又从南岸渡回北岸,最后再从北岸到南岸。这个时候,马在水中停了下来,鞭打也不肯走。"俯而视之,见两日在于水中"。马左边的白而湿,马右边的黑而干燥。自己醒后十分恐慌,认为是不祥之兆。回来那天晚上,又重复做了同样的梦。于是"问之筮者"。那个算卦的告诉他,恐有狱讼之事,要他"远三枕,避三沐"。董丰记住了这个话。回到家,妻子为他准备沐具,也给他备下大枕头,董丰"皆不从之"。"妻乃自沐,枕枕而寝。"

符融当即说:"吾知之矣。"董丰是冤枉的。此案另有凶手,名叫冯昌。

他分析道:"《周易》坎为水,离为马,坎为北,离为南。梦乘马南渡,旋北而南者,从坎之离。三爻同变,变而成离。离为中女,坎为中男。两日,二夫之象。坎为执法吏,吏诘其夫,妇人被流血而死。坎二阴一阳,离二阳一阴。相承易位,离下坎上,既济。文王遇之囚羑里,有礼而生,无礼而死。马左而湿,湿,水也。左水右马,冯字也。两日,昌字也。其冯昌杀之乎?"

让我们梳理还原符融的推导:

在《周易》中,坎为水,离为马,坎为北,离为南。"梦乘马南渡,旋北而南者",即是从坎卦变为离卦。是"三爻同变,变而成离",因为坎卦和离卦的每个爻都阴阳相对,坎卦的三个爻全部变化,于是就成了离卦。离有中女之象,而坎有中男之象。

而"两日",则有二夫之象。因为日为乾,而乾为夫,"两日"则有二夫。应该有两个男人与此案有关,除了董丰,还当另有一人。

坎水为陷,有被囚之意,故坎又为执法吏。妇人流血而死,自然吏诘其夫。

然而,"坎二阴一阳,离二阳一阴",坎上离下,"相承易位",就重合成一个六爻卦,乃水火既济之卦。既济卦是六十四卦中,唯一阴爻阳爻都各正其位的卦,所以此事定能够得到正当的结果。当年周文王被囚羑里,"有礼而生,无礼而死",董丰只要有礼(理),最后一定能够得到公道。

董丰之梦有"马左而湿","湿"是水,"水"在"马"的左边,那就是个"冯"字。两个"日",正好是个"昌"字。真正凶手是个叫冯昌的男人。

官府据此逮捕冯昌,冯昌果然招认。原来,冯昌本准备与董丰的妻子合谋杀害董丰,以刚洗了澡,枕着大枕头为标志。"是以误中妇人"。

符融借梦断案,自然与弗洛伊德的《梦的解析》没有关系,是运用了《易经》,是以象解梦。其实是借梦象的提示启发思维的过程。

孔子也很重视梦象。他在受到鲁昭公的召见和生了儿子后,夜晚做梦,就是周公向他托付重任。孔子临死之前,也对自己的梦很不满意,说:"甚矣吾衰也!久矣吾不复梦见周公!"这使得孔子感到自己"殆将死也"。

历史上,有很多的名人都有过名梦。比如何晏梦青蝇趴鼻、郑玄梦老者剖其心脏、蒋琬梦血淋牛头、扬雄梦见自己五脏落地、魏延梦见自己头长犄角、曹操梦三马共食一槽、李元忠梦执火炬入父墓、陶侃梦见自己飞上天伤翼,诸此等等。还有《周公解梦》等的专业著作。说明中国人对梦的研究,是比弗洛伊德不知道要早多少年,也说明中国梦文化的盛行,其历史之悠久。

四十九问：你知道未济卦另外的故事吗？

答：笔者前已介绍未济卦。既济卦是已经过河，到达终点，是人生或事物已到达尽头、顶点。物极必反，盛极必衰，再前行便是反方向的未济卦，人生或事物尚未完成，在另外环境里去过河（未济），如同伟人孙中山先生遗嘱说"革命尚未成功，同志仍须努力"。但据古代《耳目记》的记载，有二夫出征前，有人卜卦问占得未济卦，黄贺解卦，认为有利，出征一定能大获全胜，如何解读成这种结论，详情可见《易经的故事》中的相关论述。以下摘录有删减和稍改动，欲知全文，请看原著。

据《耳目记》：时赵王镕方在幼冲，而燕军寇北鄙。王方选将拒之。有勇士陈立、刘干投刺于军门。愿以五百人尝寇，必面缚戎首。王壮而许之。翌日，二夫率师而出，在出击燕军之前，刘干曾到黄贺这儿卜卦占问。卦得火水未济。黄贺的分析是：

未济卦上离为火下坎为水，是为火水未济。未济是尚未成功，但是通过努力能够成功亨通。此占动在九二，其爻辞云："曳其轮，贞吉。"本意是，牛车渡河时控制好车轮，中以行正，稳定妥当。引申为刚中之才，又能坚固稳妥行正道，吉祥！未济卦九二爻动，也即未济之晋，变卦为晋卦。晋卦上离下坤，离为日，坤为地，有"明出地中"之象。太阳升起大地，奋发光扬，将会连续得到恩泽。壮士今日出击，有利于打击敌寇，一定能大获全胜。"王当有车马之赐"，中间有些小问题，不必忧虑。

这是很有趣的事情，未济，未济，看来未济，其实可济。而且，《易经》六十四卦，起于乾、坤而终于既济、未济。

既为已然，济为渡过，古人称渡水为涉，过去了为济。已然渡过，大功告成。

既济最著名的卦象，是六爻之中，刚爻柔爻皆正而皆当其位。这种状态在《易经》六十四卦中是唯一的。象征刚柔阴阳之气的运作，已然达到完美的状态，而且是秩序与和谐的完美结合。其卦辞八个字：亨小，利贞，初吉，终乱。字字都很有学问。

所谓"亨小"，是亨通至极，及于小者。所谓"利贞"，则是要守持正道。大功告成之际更要戒惧，避免乐极生悲。

所谓"初吉终乱"，是因为盛极必衰。开始不错，最终陷于混乱。既济卦里面有个小狐狸，开始过河是"濡其尾"，尾巴湿了水，还没什么。游到后来，则"濡其首"，头都让水给淹着了（到达彼岸），这就是终则道穷。（笔者解读：既济是到达彼岸人生终点，由阳间转入阴间，转入未济卦。）

未济是既济的覆卦，又是错卦。上下倒置，六爻全变。其意也全变。如果说，既济是渡过、完成和成功，那么，未济就是尚未渡过、尚未完成和尚未成功。

而且，未济六爻皆不得位，这也是《周易》六十四卦绝无仅有的。卦中也有个小狐狸在过河，未济卦辞云："未济，亨，小狐汔济，濡其尾，无攸利。"这是告诉我们，要通过努力实现成功亨通，决不能够犯小狐狸过河的错误。

而且，未济卦虽然六爻皆不得位，但却皆刚柔相应，有应则有变，有变则有通。所以未济是另一个世界的开始，还充满希望。

既济是完美的结局，未济则是新环境的开始。未济卦以未济开始去过河，至于终，物极必反，又达既济。（笔者认为是，生死轮回，"生生不息"。）

五十问：关于射覆，你能想到会有这样离奇的故事吗？

答：本问答介绍易学占筮有个特殊的操作叫"射覆"。是把要猜之物放入器皿中，盖上盖，不露出叫"射"（猜想）之物，"覆"是遮盖隐藏之意。通过占筮获得卦，用卦来占断是何物。射覆是顶级易占高手操作的一种游戏，如刘伯温《烧饼歌》用射覆猜中。《三国志》记载管辂射覆"燕卵"，推出噬嗑卦，由此卦推测出竹子芦苇，此植物内部是空的，联想到卵壳内部也是空的，由此覆盖的燕卵被射中了，的确是燕卵。笔者讲课时讲到此，哄堂大笑，有位学生说"太离奇了"。以下是选自《易经的故事》中的精彩例子。

无论在中国还是在外国，历史上，都流传下来一些对未来的预测。《烧饼歌》就是这么一本书。《烧饼歌》开章写道：

明太祖一日身居内殿，方啖之时，内监忽报，国师刘基求见，太祖即以碗覆物，召基入。礼毕，问曰：先生深明数理，可知碗中是何物件？基掐指轮算，对曰"半似日兮半似月，曾被金龙咬一缺，此食物也"，开视果然。

朱元璋大为惊讶，突然冒出个想法，要刘伯温演算一下今后五百年的历史变化。于是就有了后世流传的《烧饼歌》。

刘伯温和《烧饼歌》到底有没有关系，或者刘伯温有没有给朱元璋算过烧饼，这些在此姑且不论，故事所说的刘伯温掐指算出烧饼的方法，倒是查有实据的。在易学，叫作射覆。

射覆看起来很神秘，其实道理是简单的，便是占而可得卦，而卦有卦象，所以根据《易经》八卦的象、数、理，通过卦象的分析、引导和启发，可以推理出所覆之物的形态。

《三国志》记载了一个管辂射覆的例子：馆陶令诸葛原迁新兴太守，辂往祖饯之，宾客并会。原自起取燕卵、蜂窠、蜘蛛着器中，使射覆。卦成，辂曰："第一物，含气须变，依乎宇堂，雄雌以形，翅翼舒张，此燕卵也。第二物，家室倒悬，门户众多，藏经育毒，得秋乃化，此蜂窠也。第三物，觳觫长足，吐丝成罗，寻网求食，利在昏夜，此蜘蛛也。"举座惊喜。

书中没有说管辂是如何推论的，近代易学大师尚秉和先生在其《周易古筮考》中，还原了这个过程。根据他的分析，燕卵之卦，当推自噬嗑卦，而其他两个，当分别为震卦和归妹卦。

我们看如何从噬嗑卦推算出燕子蛋。先看卦爻辞。

噬嗑：亨。利用狱。

象曰：颐中有物，曰噬嗑，噬嗑而亨。刚柔分，动而明，雷电合而章。柔得中而上行，虽不当位，利用狱也。

初九：屦校灭趾，无咎。

六二：噬肤灭鼻，无咎。

六三：噬腊肉，遇毒；小吝，无咎。

九四：噬干肺，得金矢，利艰贞，吉。

六五：噬干肉，得黄金，贞厉，无咎。

上九：何校灭耳，凶。

没有！卦爻辞的内容倒很丰富，脚趾、鼻子、耳朵、腊肉、黄金，等等都有，但别说没有燕卵，燕子也没有，甚至鸟都没有。那么噬嗑之义又如何？

噬为咬，嗑为合，咬合则通，噬嗑卦六卦全象，仿佛是嘴巴里含着一个东西，一定要咬通才能够合上嘴巴。所以，噬嗑有决断、排除障碍的意思。

也可以象征折狱之道。

噬嗑卦下卦为震为雷卦德为动，上卦为离为火为光明，是"动而明"。仿佛雷电合章，电闪雷鸣，是既明察秋毫又震撼人心。

噬嗑全卦，又仿佛是个戴着全副刑具的囚犯。其中三个刚爻，上九为颈枷，九四为手枷（梏），初九为脚枷（桎）。诸枷总称为校。上面这些是噬嗑卦的基本意思，好像与燕卵也是风马牛不相及。那么，还是看看尚秉和是怎么还原管辂推论的。

——燕卵之卦当为火雷噬嗑。噬嗑内为震，震为雷电、为气、为竹、为苇，竹苇皆空，象卵壳，故曰"含气"。而震为动，故曰"须变"。二至四互艮，艮为门庭，而与震体连，故曰"依乎宇堂"。三至五互坎，外为离，坎男离女，故曰"雄雌以形"。而二至五有鸟舒翼状，而初阳上阳函之，故曰"翅翼舒张"。夫既推得卵象，又推得羽翼象，则为鸟卵无疑矣。而依于宇堂之上，则非鸡卵，鸦鹊卵，必为燕卵也。

整个根据噬嗑卦卦象推演燕卵的过程，完全是发散性的思维，是联想的思维。比如噬嗑内卦为震，震的特点是动，生长和发展。竹子芦苇皆为其象。这些个内容，《易传》都有。难得的是管辂或者尚秉和还能够进一步想到竹子芦苇内部都是空的，又从竹子芦苇之中空，联想到卵壳之空，而从震卦卦德为动，再联想到这个有壳的东西还会变化，等等。看来，确实是常人难以企及的。

五十一问：你知道《周易》出现哪些历史故事吗？

答：《周易》里有些历史故事，解读时需要历史知识。以下选自《正本清源说易经》中较系统地阐述的《周易》卦爻辞中反映的六个故事，可从中推测出《周易》成书的年代，并可推断出周文王写《周易》的说法靠不住。以下摘录穿插有笔者补充，有部分删减，欲知详情，请看原著。

《周易》卦、爻辞中记载了一些历史事件，具体表现为：

1. 王亥丧牛羊于易的故事。见大壮卦六五爻辞："丧羊于易，无悔。"又旅卦上九爻辞："鸟焚其巢，旅人先笑后号咷，丧牛于易，凶。""易"，古国名。"鸟焚其巢"，比喻旅客的住处被烧。"号咷"，大哭。王国维依据甲骨文中殷人祭祀王亥的记录，确定王亥是殷先王。顾颉刚又根据王国维关于王亥的探讨，确定这二条爻辞是记载了殷先王亥的事迹。其意思说，殷先王亥在有易（狄族）旅居，从事于牧畜业的"服牛""牧羊"。第一次，虽丧羊于易，但并不因此困厄或危险；第二次，由于王亥行淫享乐（又说是有易国君为夺取亥的财产），有易国王緜臣将王亥杀了，并夺取了他的羊，所以说凶。

2. 高宗伐鬼方的故事。见既济卦九三爻辞："高宗伐鬼方，三年克之。小人勿用。"又未济卦九四爻辞："震用伐鬼方，三年有赏于大国。"高宗"，即殷王武丁，是帝小乙之子，盘庚之侄。"鬼方"是古国名，犭严狁部落之一，在当时中国的西北地区，为北方的一个强族，威胁着殷、周。"克"，胜。"三年克之"，据《古本竹书纪年》记载，是指武丁三十二年伐鬼方，到三十四年王师战胜鬼方，恰好三年。"小人"，指奴隶。"震"，动。"大国"，指殷。这里"高宗伐鬼方"与"震用伐鬼方"，说的是同一件事。既济是从殷人角度说的，未济卦是从周人的角度说的。这二爻辞是说，殷王武丁伐鬼方，用三年时间取胜，但作战时不要奴隶参加。而周人动员了不少人出征，帮助殷王武丁伐鬼方，打了三年，胜利了，受到了大国殷的赏赐。

3. 帝乙归妹的故事。见泰卦六五爻辞："帝乙归妹，以祉元吉。"又归妹六五爻辞："帝乙归妹，其君之袂不如其娣之袂良，月几望，吉。""帝乙"，即殷帝名乙，纣的父亲。"归"，嫁。"妹"，小女的通称。"祉"，福。"君"，上古时称王之后、诸侯的夫人为君。"袂"，衣袖，代指嫁妆。"良"，美。"几"，既。每月十六日至二十三日为既望。这两爻辞是说，殷帝乙把他的女儿嫁给了周文王，作为周国的王妃，因而说是得福、大吉的事情。但，又以其妹妹陪嫁，而且妹妹的嫁妆比姐姐的还要漂亮。其出嫁在月既望之时，这是个吉利的日子。

4. 康侯用锡马蕃庶的故事。见晋卦辞："康侯用锡马蕃庶，昼日三接。""康侯"，即康叔封，为武王之弟，曾为周司寇，初封于康，后徙于卫，故称康叔或康侯。"锡"借为"赐"，犹"献""于"。古代上赏下称"锡"，下贡上也称"锡"，不似后来有分别。"蕃庶"，众多，"接"与"捷"通。《经典释文》说："接，郑音捷，胜也。"这卦辞是说，康叔在平定蔡叔、管叔、武庚等的反叛中，一日三捷，把俘获的众多马献与周成王。

5. 箕子明夷的故事。见明夷卦六五爻辞："箕子之明夷，利贞。""箕子"，唐朝李鼎祚撰《周易集解》引马融说："箕子纣之诸父"，认为箕子是殷末时人。据《史记·宋世家》中记载，箕子为商纣王时大臣，纣王暴虐，箕子劝谏不听，于是箕子就披头散发，假装疯狂，沦为奴隶，故意伤害自己以避祸。"之"，犹"有""得"的意思。"明夷"，指鸣鶋鸟。这爻辞是说，箕子猎得鸣鶋，结果吉利，所以筮遇此爻，有利于占问。（本书第二十问答，"箕子明夷"有多种解读，鲜为人知，其中之一认为"明夷"是朝鲜，"箕子之明夷"是"箕子到朝鲜去"。）

6. 王用亨于岐山的故事。见升卦六四爻辞："王用亨于岐山，吉，无咎。"又随卦上六爻辞："拘系之，乃从维之，王用亨于西山。""王"，指周文王。"亨"，祭祀。"岐山"，西周境内的山名，在今陕西省岐山县东北。"拘"，因。"从"读作"纵"，释放的意思。"维"读为"趡"，急走的意思。"西山"，即岐山，因在镐京之西，故称西山。这二爻辞都是记载了文王的故事。上条是说，文王祭祀神于岐山，吉利而没有实惠；下条是指，殷纣因系文王于羑里，又释放使他离去。待文王回归到周，就祭祀西山，以报答神的保佑。

从上可见，从时间上看，这些故事所记载的都是自商朝到周初康侯时期的历史事件。据此，我们大体可以断定《易经》卦、爻辞初步成书于康侯时的西周前期，即西周成、康时期。与此同时，既然《易经》卦、爻辞中记录了文王被囚羑里及其被释放后亨祭于岐山的事实，那么，以此可推知文王囚羑里作卦、爻辞为不确切。特别是《易经》卦、爻辞中记载了康侯参加平定武庚、管叔、蔡叔叛乱事件，这在历史上是发生在文王乃至武王死后，由此也可以认定文王演《周易》之说靠不住。

附：上述帝乙归妹的故事，泰卦六五爻辞"帝乙归妹，以祉元吉"有不同的解读，邵乃读先生说帝乙当指武乙。归妹中的"妹"字是古时一个地名，即妹邦、妹邑，也叫沬邦、沬邑。商代是迁都最多的一个朝代，从成汤到武乙曾迁都十几次。到了武乙，才在妹邑定都，不再迁徙。定都后改名朝歌。从此国泰民安，因而得福，大吉大利。（可参陈梦家《殷虚卜辞综述》中相关论述；又见《竹书纪年》和《辞源》。）

第五篇

五十二问：《周易》智慧能用在军事兵法上吗？

答：剥去《易经》占卜体系的外壳，可以发现经文中蕴含着多方面的文化知识。民俗学家从中可发现古代姊妹同嫁一夫和求婚的习俗（归妹卦初九、屯卦六二）；天文学家从中可找到世界上最早的太阳黑子记载（丰卦六二）；哲学家更可以从中挖掘古代独特的哲学思维；宗教学者可从末二卦悟出生死轮回因果律（既济卦转入未济卦）；历史学家从中可考证殷代王亥"丧牛于易"的事迹（旅卦上九），古代奴隶集体逃亡的记载（讼卦九二）；管理经营学家可以从中吸取经营智慧（乾卦六爻的变化）；军事家可从多个卦爻辞中吸取军事智慧和兵法。

《周易》兵略是中国兵书之祖，影响并渗透到《孙子兵法》《孙膑兵法》以及《老子》兵略、《淮南子·兵略》等，历代杰出的兵家，都从《周易》兵略中吸取营养，试阐述如下。

（一）善变是军事兵法学习《周易》兵略的法宝

《易传》说"一阖一辟谓之变"，所谓辟与阖，就是攻与守、开与合、动与静、进与退、实与虚，实质可归结为阳与阴（《周易》阴阳变化）。因为"易"者变也："易"为日月白天黑夜阴阳变化；"易"又是蜥蜴的

"蜴"，是变色龙，随环境而变身上的颜色。兵法善变是学习《周易》兵略善变的哲理，《孙子兵法》是以《周易》为哲学基础，包含《周易》变化的原理。善变影响到《孙子兵法》的《九变篇》《谋略篇》《计篇》，也影响《孙武兵法》的出奇制胜，以及《三十六计》等。

《周易》屯卦六三爻辞："即鹿无虞，惟入于林中，君子几，不如舍，往吝。"爻辞说，打猎追杀鹿，鹿逃入林中，因不知林中情况，恐怕迷路意外等，临阵改变计划，不追赶，返回，再想办法。这是善变，也是善谋。

善谋是《周易》哲理与智慧。例如，同人卦九三爻辞："伏戎于莽，升其高陵，三岁不兴。"爻辞说，久攻不下，先埋伏，不动。站在高处瞭望敌情，甚至三年不动。在下一个爻进攻，即九四爻："乘其墉，弗克攻，吉。"爻辞说，进攻了，登上辞人的城墙，为了减少流血牺牲，和敌方和平谈判，再进城，吉祥。这联想到中国人民解放军军事思想，兵临城下，与敌方傅作义首长谈判，和平解放北平（京）。又如诸葛亮的空城计、草船借箭、火烧连环船，都是善谋取胜的经典。也是兵家据天时地利，以"四两拨千斤"之杰作。

上述同人卦是善变，包括善守，战争不利情况下，要按兵不动，以守为攻，是动与静、攻与守、进与退的辩证法相结合，这是《老子》兵法学习《周易》兵略以守为攻，后发制人，即上述同人卦九四爻进攻了，反而是主动。

（二）主动是兵家战略战术的精华

兵家行动要主动，是主攻思想，不动很难取胜，不能总是"潜龙勿用"。主动是《周易》兵略主导思想，《周易》强调自强不息，生生不息思想，这决定了《周易》兵略，是偏重于动、攻、战。解放战争中的三大战役，取得胜利原因之一，是主动的例证。

（三）优待俘虏可瓦解敌心

同人卦九四爻之后是九五爻"同人先号咷而后笑，大师克，相遇"。进攻者已登上城墙，爻辞说，吓得敌人"先号咷"（先哭了），当进攻者进城与敌人相遇，敌人"后笑"了。因为优待俘虏，这也是《周易》兵略之一，可瓦解负隅顽抗的敌人。

著名易学者杨力在《易经哲学大智慧》一书中，还阐述了《易经》心理战术在兵家的奇用，摘录其精彩部分如下。

> 博大精深的《易经》是一部伟大的社会学著作，其中占卜心理学尤其放射着异彩，被兵家引进后，在军事心理战术的应用方面做出了杰出的贡献。如"履虎尾，愬愬，终吉"（履卦），就是说，即使踩了老虎尾巴，只要临危不惧，也是可以逢凶化吉的。《易经》这部书中有不少名句告诫人们要临危不惧，要处变不惊，方能化险为夷，尤其为将帅者，更应蔑视困难，纵虽处劣势，也能转危为安。如"同人先号咷而后笑，大师克，相遇"（同人卦）。
>
> 如三国时候，魏国大军压境，赵云自知不敌，于是在沔阳（今陕西勉县东）设空城计，大开城门，司马不知是计，慌忙撤退，还被赵云弓箭所逐，死伤无数。
>
> 凡此种种，不可胜举，皆说明《易经》兵略无论在战略、战术方面都闪烁着光辉。

五十三问：若把乾卦用在企业经营上，该如何描述？

答：乾卦由六爻组成一个整体，六爻的排列顺序逻辑性很强，具有普遍意义，表示事物的发生、发展和变化过程。通俗地说，初爻象征发生萌动，主潜藏准备；二爻象征崭露头角，主积极进取；三爻象征功业小成，主慎行防凶；四爻象征跨进高层，主审时度势；五爻象征功业大成，主戒骄戒躁；六爻象征登峰造极，主物极必反。如此步步高的逻辑，可以应用在企业经营，请看这方面的相关论述。

通观乾卦的六爻，实际上是一个过程。概况地说初九：潜龙，像水中潜藏着一条龙，它在静静地等待飞天的时机，时机不对它是不会腾空的，企业的创立也要选择恰当的时机，在企业创立之前就是"孕育期"。九二：见龙，它飞到田野的上空，有作为的人在大众中间施德，这正是企业生命周期中的"婴儿期"，这是企业在其诞生之初，员工努力施展才和德，营造一个很好的企业发展氛围。九三：惕龙，象征企业经营者需要时时刻刻、兢兢业业、勤勤恳恳。九四：跃龙，这恰如企业生命周期中的"学步期"，不断地尝试，不断地进取，心怀警惕。九五：飞龙，飞龙在天空自由地飞腾，行云流水中，展现其无穷的力量，企业进入"全盛期"。上九：亢龙，这是一个需要更多智慧的时期，"盈不可久"，要警惕走下坡路，所以这个时候应该要保持一个不断"归零"的心态。一本由韩国人写的《商道》，讲了一个"戒盈杯"的故事，主人公李尚沃从中悟到了盈则亏的道理，最终成为"商佛"。

（选自张其成《管理大智慧》，稍变动）

五十四问：能从《周易》看到与中医有关联吗？

答：医易同源最突出的例证是《黄帝内经》。中医源于《周易》，二者紧密关联。唐代名医孙思邈说："不知《易》，不足以言太医。"历代易学所阐述的阴阳五行观，从汉朝以来，就成了古代自然科学的理论基础，对医学影响深刻。元代以来，由于象数之学的发展，中医进一步与易理结合。请看专家详尽论述如下。

《周易》作为古代思想文化的经典，不仅对数千年中国思想文化的形成与发展产生了深远的影响，而且对中国古代的科学技术，特别是中医学的形成与发展产生了极大的影响。"医易同源""医易相关"便是对这种影响的高度概括。

所谓"医易"，就是以《周易》的思想和象数原理来影响、指导中医学，使易学向医学渗透，并逐渐融合。《周易》的经文就忠实地记录了古代养生、预防和医疗活动，中医学正是从这里发源的。翻开中医学发展的历史不难看出，从《黄帝内经》开始，医学就不着痕迹地、系统地与易学结合起来。其中《周易》所阐述的阴阳学说，即古代阴阳对立统一的思想，贯穿于全部中医学之中，从而成为中医学的理论基石。中医学把人体内部脏与脏、腑与腑、脏与腑之间的关系，以及人体与自然界、与社会环境的关系等无一不看成对立统一的关系，这与《周易》的思想是息息相通的。从《黄帝内经》中，不仅可以找到许多直接来自《周易》的文句，还有不少化裁《周易》思想的语言，这是古代医家援《易》入医的宝贵资料和力证。其后，历代医家不同程度地对医易同源、医易相关不断进行研究，留下了不少文论。至明代，张介宾在《类经》中撰写了《医易义》《大宝论》等长篇专著，从而使医易经过了两千年左右的发展而得以形成一门"医易学"，成为整个中医学说中的一个分支学科。

研究医易之关系，自然要溯本追源，首先从《周易》开始，特别要从《周易》的本经开始。

关于《易》经文中的原始医学思想，有人认为六十四卦中只有无妄、损、兑三卦涉及了疾病等医学问题。无妄卦"九五"爻辞"无妄之疾，勿药有喜"（没有乱来所得的病，不吃药也会好的）；损卦"六四"爻辞"损其疾，使遄有喜，无咎"（减轻他的病，使他快好，可喜，无害）；兑卦"九四"爻辞"商兑未宁，介疾有喜"（喜悦的商谈未定，疥疮病有去掉的可喜）。有人认为在所有的卦、爻辞中，涉及医药疾病的有这三条：无妄（同上）；复卦卦辞"出入无疾"（出门入门不生病）；鼎卦"九二"爻辞"鼎有实，我仇有疾，不我能即，吉"（鼎中有食物，我的配偶有病，不能就我同吃，但病会愈，吉）。说到经文中的原始医学思想，可谓"仁者见仁，智者见智"。摘寻与医、药有关的卦、爻辞固然不可不做，但更重要的还应看其中的内涵，正像《易传》那样，常常把卦、爻辞中的内涵发掘出来加以阐述。例如，复卦卦辞："复：亨。出入无疾。朋（指钱财，十贝为朋）

来无咎。反复其道，七日来复。利有攸往。"此卦辞的原意是：复卦，通顺。出门入门不生病，赚了钱没有害。从路上七天打一个来回。有所往有利。《象传》却能解释其中的内涵："'反复其道，七日来复'，天行也。'利有攸往'，刚长也。复，其见天地之心乎？"意思是说："反复其道，七日来复"，是天道的运行。（笔者认为这"七"也是七日节律，七日为一周即一个星期，是周期的循环，详见本书第十六问。）复卦，从它可以看到天地的用心吧（天地的用心是在使阳气生长）。《象传》也就内涵做了进一步的阐述："雷在地中，复。先王以至日闭关，商旅不行，后不省方。"意思是说：复卦震下坤上，雷下地上，雷在地中，是复卦。先王因此在冬至日关城门，商人、旅客不出行，君主不出外巡视诸侯国。《象传》一语道破了复卦中所包含的一个原始医理：周代历法按日照的长短，在一年二十四节气中分出夏至和冬至。夏至天最长，到这一天阳气已发展至极盛，阳极生阴。冬至天最短，到这一天阴气已发展至极盛，阴极阳生，这就是复卦。古人认为，雷是阳气奋出地面与阴气接触才发出的声音。现在一阳始生于下，非常微弱，不可能奋出地面，因此雷在地中正是冬至阴极阳复生之时，所以称"复"。此时，先王观雷在地中之象就知道是阳生冬至之日。由于冬至之日阳气刚刚复生很微弱，需要精养以使其壮大，故先王于这一天关闭城门使商旅不得入内，使百姓得以静养；后王也闭关自守，不出都门去视察四方，不出不入则能使君民皆安静以自养。（上述"关闭城门使商旅不得入内，使百姓得以静养""闭关自守""使居民皆安静以自养"，这些行为措施，让人联想到目前刚发生的新型冠状病毒感染疫情，病毒迅速传播伤害百姓。措施是一方面治病，另一方面最主要是防控。例如武汉市刚宣布封城。如同古代关闭城门，使商旅不得入内被感染，也可使城内百姓得以静养、自养不传播病毒。效仿古人对中医的认知，一旦疫情过去，达到《周易》复卦卦辞"出入无疾"。）

（以上摘录自何少奇《神圣三学易·道·医》）

五十五问：《伤寒论》与《周易》的循环观相吻合吗？

答：《伤寒论》记载，若是伤寒病者发热恶寒，是发于阳；无热恶寒是发于阴。发于阳七日愈，发于阴六日愈。七为奇数阳数，六为偶数阴数。《周易》十二个消息卦中，若乾初爻阳动为姤，若姤二爻阳动为遁，遁三爻阳动为否，否四爻阳动为观，观五爻阳动为剥，剥上爻阳动为坤，坤初爻阴动为复，到复是七次动，是周而"复"始。七日循环是"七日节律"。七为阳，伤寒病者发于阳，则七日愈。若坤卦初爻阴动，再依次往上到上爻阴动为乾，坤六爻由阴爻变动六次为纯阳乾，是阴变。若伤寒病患者发于阴，则六日愈。若预期不愈，则转入另一个周期，或不愈死亡。

令人赞叹《伤寒论》和《周易》的循环观非常吻合。因为《周易》阴阳是哲理的核心，张仲景在治疗伤寒病时的记载，引用了《阴阳大论》（已失传）和《黄帝内经》，"内经"有七日律是天人感应。自然界有北斗七星，另有日、月再加上金木水火土五星也是七星，称七曜（一周七天，每天一个曜日）。中医郝万山教授，在中央电视台《百家讲坛》讲《伤寒论》说，感冒七日不治自愈，否则还得七日的倍数。《周易》门户是乾坤二卦，各七爻，其余都是六爻，前已论述何因。这是数字七文化，《伤寒

论》也是医学文化,与《周易》文化关联。本问答的详细解答,请看何少奇先生《神圣三学易·道·医》中的相关论述:

《伤寒论》与《周易》的循环观表现如下。

《伤寒论》卷第二"辨太阳病脉证并治上"第五:

"病有发热恶寒者,发于阳也;无热恶寒者,发于阴也。发于阳,七日愈;发于阴,六日愈。以阳数七、阴数六故也。"

对"发于阳""发于阴",历来医家们的理解就不一致,现代医家倾向于三阳经病为"发于阳",三阴经病为"发于阴"。对"七日愈"则基本上沿袭金代医家成无己的观点:"阳法火,阴法水。火成数七,水成数六。阳病七日愈者,火数足也;阴病六日愈者,水数足也。"若只从生成之数来理解,似太肤浅,其实质乃是《周易》循环观的体现。(笔者猜问:这"七日愈"是否与乾坤卦七爻有关联?"六日愈"和其余卦六爻有关联?)

在《周易》中,否、泰两卦相互转化的过程,就是循环观的一种形式:"泰"为阴平阳秘的生理过程,"否"为阴阳乖错甚至离决的病理过程,医家通过调节阴阳平衡,尽量使"否"向"泰"转化,以阻止或延缓"否"的形成。(笔者认为泰否二卦在此论证准确到位,也是对本书第二十一问的补充。)

《周易》的循环观,是以阴爻和阳爻的升降递变为依据的,其变动循环的规律例如:"反复其道,七日来复"(由复卦卦形来看,剥卦的"上九"剥落,成为纯阴的坤卦;这时,阳又在下方酝酿,当一个阳爻在坤卦"初"位出现时,成为复卦。这样阴阳去而复返,循环不已,要历经七个爻变。将一爻看作一日,那么从一阴发生到一阳复来，须经"七日"。这是复卦卦辞）。其他如："震来厉，亿丧贝，跻于九陵，勿逐，七日得"（"贝"是古代的贝币；"九陵"是九重山陵。震卦"六二"为阴柔，在"初九"阳刚的正上方。"初九"为震雷的开始，"六二"距"初九"最近，受震动最大，最危险，以至丧失亿万家财，逃往九重的山陵上去避难。不过，"六二"为柔爻，又居中位，柔顺中正；因而丧失的财物，不必去追寻，在短短七日内，就会失而复得。这是震卦"六二"爻辞）；"妇丧其茀，勿逐，七日得"（茀，头巾。一说妇人的首饰，或指车之前后的设障。妇女丢失了头巾，不必去寻找，过了七日，遗失的东西又会复得。这是既济六二"爻辞"）。为什么《周易》总以"七日"为期呢？这是因为一卦由六爻组成，一爻代表一日，任何一个爻位在经过一巡之后，就是第七日位置。（笔者认知这"七日"是"七日节律"，是周期循环，详见本书第十六问。）复卦《象传》说："'反复其道，七日复来'，天行也。"三国时代的易学家虞翻认为：由乾到姤（☰）一阳消，遁（☰）二阳消，否（☰）三阳消，观（☰）四阳消，剥（☰）五阳消，坤（☰）六阳消，至复（☰）一阳来复，由姤到复历经七变为"七日"。即从一阳消退至一阳息生又反归于正道，这七变是一个天道运行的消息盈虚的过程，亦即凶必定返回吉，危必定转为安，这是自然法则。而由姤卦之一阴生，至坤卦之六阴生，一爻为一日，历经六变为"六日"。

综上所述，可以清楚地看到，《伤寒论》的"发于阳者，七日愈；发于阴者，六日愈。以阳数七、阴数六故也"，正是源于《周易》的循环观，实为"反复其道，七日来复"的写照。

病伤寒者，为人体阳气与寒邪搏斗的过程。《伤寒论》的六经辨证，是以阳气盛衰、消长为六经划分的标准：太阳病为阳气渐长，阳明病为盛极，少阳病为渐消；太阴病为始衰，少阴病为衰极，厥阴病为衰盛，阴阳复胜。又以发热与恶寒作为阳气盛衰的标志：发热为正胜邪的反映，恶寒甚至厥逆为邪胜正的表现。张仲景将伤寒病划为六个阶段，即一个周期。要么病愈，第二次再病出新的周期；要么死亡，终结病的发展。这正是《周易》循环论"反复其道，七日来复"在伤寒病中的具体体现。

五十六问：宋代易学大师朱熹还提倡风水吗？

答：1993年10月23日，北京人民广播电台副台长苏京平（下称苏）与作家高友谦（下称高）问答风水，现场直播。概括内容整理如下：

苏问：有些书历经数千年，但内容有着永恒的魅力，特别是《易经》、风水等，这些反映我国特有文化的书，一直吸引着很多读者。据说20世纪70年代后，国外就形起风水热，而在我们国内直到现在还有人把风水和迷信等同对待。不过，更引人深思的是，我接触到不少严肃的科学工作者，他们一直把风水作为一种文化，作为一种艺术来看待，把人与自然的关系关联起来，即天人合一理念来研究。

高答：中国风水是在中国的土地上发育起来的一种传统文化，历代皇室都运用风水建阴阳宅，北京故宫和明十三陵便是例证。风水不仅含有科学成分，更主要它还是一门处理地理方位的艺术。因此看风水不仅仅从科学的角度出发，有些风水问题确实很难理解。如果从心理学、美学、艺术、生态环境的角度去观察风水，就会发现，风水之中还含有许多美学的艺术内容，这些恰恰是西方建筑学所忽视的。

苏问：有些街巷摆地摊的，他们到底是否懂风水？

高答：这和过去江湖艺人一样，现在有些人无非借口风水混碗饭吃，一知半解，蒙事而已，往风水"身上"泼脏水，当局一看这样就称为风水，不仅不提倡，反而禁止。然而有些人操作的确实是真正的风水，不能一概而论，要去除糟粕，吸取精华，不应抛弃祖先留下的民俗文化遗产。

苏问：风水文化不仅内涵非常丰富，而且源远流长，请简单谈谈。

高答：风水文化历经数千年经久不衰。最初风水记载在《诗经·公刘》，公刘是周民族的先人，给周民族勘测寻找部落聚集地。到了汉代，风水理论已具雏型，有风水学专著《宫宅地形》《堪舆金匮》（都失传）。经南北朝到唐代，风水理论更加完备，分为形势派和理气派。宋代易学发达，有的易学者对风水有造诣。至明清，风水理论达到高峰，这是风水理论发展的简况。

笔者补充：上述说，风水在国外也兴起。是的，不仅在建筑、美学等方面国外学习中国的风水，而且在领导层也有表现，例如美国里根总统，盛情从香港请了一位风水师，到白宫给他风水布置。英国首相布莱尔请了一位女风水师，给他看唐宁街官邸的风水。

以上还说"宋代易学发达，有的易学者对风水有造诣"，这应该指朱熹。朱熹的风水学说还影响到了明代的皇家，引述如下。

《葬书》里的风水术，在宋代没有得到大多数儒者的普遍认可，实际上应该说是在明代才得以提倡并兴盛起来的。

朱元璋得到天下之后，大力抬高本姓朱熹的地位，极力推行朱熹的学问，科举考试的题目也以朱熹的学问为主。明成祖永乐仍然推崇朱熹，在易学方面命胡广等纂《周易大全》，居然割裂朱熹的《周易本义》与《易学启蒙》的内容，散附于《程氏易传》之后。既然明代皇帝如此推崇朱熹，那么朱熹的风水说也自然而然地被哄抬宣扬起来了。

明代永乐中，有儒者丘濬撰《大学衍义补》，书中明确肯定朱熹的"大好风水"说如下：

臣按：《朱熹语录》"冀都正是天地中间好风水，山脉从云中发来，云中正高脊处，自脊以西之水则西流入于龙门西河，自脊以东之水则东流入于海。前面一条黄河环绕，右畔是华山，自华山来至中为嵩山，是谓前案。遂过去为泰山耸于左，淮南诸山为第二重案，江南诸山为第三重案"。观是言也，则知古今建都之地皆莫有过于冀州，可知矣。虞夏之时，天下分为九州，冀州在中国之北，其地最广，而河东河北皆在其域中四分之一，舜分冀为幽、并营，幽与并营皆冀境也。就朱子所谓风水之说观之，风水之说起于郭璞，谓无风以散之，有水以界之也。冀州之中三面距河处，是为平阳蒲坂，乃尧舜建都之地。其所分东北之境，是为幽州。太行自西来演迤而北，绵亘魏晋燕赵之境，东而极于医无闾，重冈疼阜，鸾凤峙而蛟龙走，所以拥护而围绕之者，不知其几千万重也。形势全，风气密，堪舆家所谓藏风聚气者，兹地实有之。其东一带则汪洋大海，稍北乃古碣石沦入海处，稍南则九河既道所归宿之地，浴日月而浸乾坤。所以界之者，又如此其直截而广大也。况居真北之地，上应天垣之紫微，其对面之案，以地势度之，则泰岱万山之宗，正当其前也。夫天之象以北为极，则地之势亦当以北为极。《易》曰艮者东北之卦也，万物之所以成终而成始也。艮为山，水为地之津液而委于海，天下万山皆成于北，天下万水皆宗于东。与此乎建都，是为万物所以成终成始之地，自古所未有也。兹盖天造地设，藏之以有待我太宗文皇帝初建潘于此，既而入正大统，乃循成王宅洛故事，而又于此建都焉，盖天下王气所在也。前乎元而为宋，宋都于汴，前乎宋而为唐，唐都于秦，在唐之前则两汉也。前都秦而后洛，然皆非冀州境也。虽曰宅中图治，道里适均，而天下郡国乃有俏之而不面焉者。我朝得国之正，同乎尧舜拓地之广，过于汉唐书所为，东渐西被，朔南暨声教讫于四海，仅再见也。

以上是一篇鼓吹明成祖建都北京大好风水的文章，所引用"大好风水"的依据则是出于朱熹之说。明成祖命令廖均卿选择墓地，最后在昌平黄土上寻得吉壤，就是今日所见的明十三陵，黄土山也改作了"天寿山"。上教而下行，由此可知明代的"风水术"必然会因此而有所兴旺发达。

明朝建文帝失去皇帝大宝之位，曾有"风水大师"说是因为明孝陵神道"夺走了北斗天象"。

明孝陵在南京紫金山独龙阜玩珠峰下，洪武十四年（1381）动工，洪武十六年完成陵墓的享殿等主体工程，先后调用军工十万，至永乐三年（1405）建成，历时25年。其总体布局分两部分：一是神道，二是陵宫，即享殿、宝城等陵寝主体建筑。陵园纵深2.62千米，当年围绕的红墙周长四十五里，辟大金门、王门、西红门、后红门、东西黑门。明孝陵神道的"石像路"与"翁仲路"长约八百米，其形状并非笔直，而是蜿蜒曲折似北斗七星形状。

明代紫禁城设有玄武门、东华门、西华门、左披门和右披门，中间有华盖殿。原本这些建筑都是"在天成象，在地成形"。其重要意义则在于象征北斗帝车"运于中央，临制四乡，分阴阳，建四时，均五行，移节度，定诸纪"（《史记》语）。

朱元璋的孝陵把北斗天象夺走，皇城失去"十二月斗纲所指之地"，又加之方孝孺改端门为午门，遂使大内紫微垣天象有缺，违反了"天象王道合一"的法则,所以有的"风水大师"说这是建文帝失去皇帝大宝之位的"风水"因素。

(以上选自《国际易学研究》)

五十七问：《周易》与五行有关联吗？

答：五行是水火木金土。五行的"行"是抽象的，并非特指这五种物质，而是泛指物质和非物质系统。五行学说主要以五行相生相克来说明事物间的相互联系。相生是指五行之间的互相滋生、助长、促进的关系，有了这关系，五行相生才能"生生不息"；相克则是五行之间的相互克制、相互制约的关系，保持事物之间的动态平衡，或有害于对方，被对方克掉。《黄帝内经》把五行引申到人体五官、五脏、五气等。《周易》也有五行身影，主要表现在八卦，八卦中每一卦都有五行的属性，如乾为金，坤为土……还蕴含在卦爻象和卦爻辞中。相关论述摘录如下。

"五行"说先见于《尚书·洪范》：五行，一曰水；二曰火；三曰木；四曰金；五曰土。

通常人们总是说"金木水火土"，其实正确的说法应该是"一二三四五，水火木金土"。

有人以《庄子》"易以道阴阳"为根据，说《易经》里只讲"阴阳"，不讲"五行"。其实《易经》与"五行"的关联主要在八卦的五行属性方面。《周易·说卦》"乾为金""坤为土""坎为水"、"离为火""巽为木"等，已经赋予了八卦的五行属性。人们常说"金秋八月"，说"兑为秋"也就是"兑为金"，说"万物出乎震"，震为春，春天草木萌芽，震为木，"艮为山"也为"土"。

八卦方位与五行属性，在明代阳宅"风水术"中的应用非常广泛。如《八宅四书》里把符合"后天八卦"方位分布的八宅，分坎、离、震、巽为东四宅（谓之"兄弟连肩多同心"），乾、坤、艮、兑为西四宅（谓之"天下爷娘亲稚少"）。无论"九宫飞星"布何宅何门，其变换皆原本于所谓"后天八卦"的方位与五行属性。

从《易经》的姤卦（䷫）初六爻辞"系于金柅"看，初是下卦巽主爻，与九四正应，下卦巽为木为绳，上卦乾为金，所以有"系于金柅"之辞，似乎也讲究五行属性。

从《易经》的困卦（䷮）九四爻辞"困于金车"看，上兑为金，三、四、五互体巽为木为绳，所以有"困于金车"之辞，似乎也讲究五行属性。

从《易经》的鼎卦（䷱）六五爻辞"鼎黄耳金铉"看，五为土数色黄，下巽为木，二、三、四互体乾为金，所以有"鼎黄耳金铉"之辞，似乎也讲究五行属性。

从《易经》的渐卦（䷴）六四爻辞"鸿渐于木"看，上巽为木，二、三、四互体坎为水，下艮为水中之石，鸿雁落于石上之木，所以有"鸿渐于木"之辞，似乎也讲究五行属性。

从《易经》的旅卦（䷷）九三爻辞"旅焚其次丧其童仆"看，上离为火，二、三、四互体巽为木，下艮为小子（童仆），童仆处于木生火之下，所以有"旅焚其次丧其童仆"之辞，似乎也讲究五行属性。

综上所述，我们不能说"五行"与《易经》之间没有关联。

（以上选自《国际易学研究》）

五十八问：你知道唐宋元明清灭亡与《周易》有关联吗？

答：有关联。在五十八问已知《周易》与五行有关联，而五个朝代灭亡是因其朝代名字与《周易》五行有关联。

五行是金木水火土、相生相克。相生的理论是：金在高温冶炼中变为液体如水，五行称金生水；花草树木生长离不了水，五行称水生木；昔日用木柴烧饭，五行称木生火；木柴烧成灰烬为土，五行称火生土；在金山开金矿，山为土，五行称土生金。

五行相克理论是：砍树木是用金属斧子或锯，五行称金克木；花草树木为了生存，其根能穿透泥土吸收营养，五行称木克土；江河堤坝决口，水泛滥成灾，用装满泥沙的土袋，堵住决口，五行称土克水；发生火灾用水灭火，五行称水克火；坚固的金属用高温火熔化成柔软的液体，五行称火克金。

五代唐宋元明清的灭亡，因各朝代都有复杂的因素，暂不分析这些因素，仅从朝代名字而灭亡，也可知属于上述五行相克理论。例如唐代的"唐"古时同"塘"，五行属土，宋代的"宋"，"宋"字内有木，五行属木，五行木克土，宋灭唐。元代的"元"字五行深奥，需分析。蒙古铁木真于1206年建立政权，自称是"金兵"。1271年蒙古皇帝忽必烈采纳汉族官僚刘秉忠的建议，定国号为"元"，这是取自《周易》彖传"大哉乾元"，1279年灭宋，建都在大都（今北京），用金兵打败宋王朝，五行称金克木。明代的"明"字是日月，均为光、火光，五行称火克金，明灭元。清代的"清"字左旁是水，五行属水，五行水克火，清灭明。孙中山的"山"字五行属于土，他领导的1911年辛亥革命推翻了清代，五行称土克水。至此，五个朝代由唐代属土到孙中山（民国）五行属土，是一个循环。是《周易》五行演变成一个周期循环，凸显贯穿《周易》的一个"变"字。穷则思变，物极必反，在历史的长河里，没有一个帝王统治的朝代万岁，更没有万万岁！这是《周易》定律。

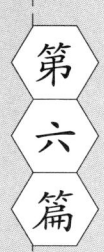

第六篇

五十九问：量子纠缠，《周易》也纠缠吗？

答：先说量子纠缠。摘录《环球时报》2024年5月30日第8版报导："当两个量子发生纠缠，它们就像有心灵感应的双胞胎，无论相隔多远，一个量子会影响道另一个量子。量子计算是解决下一代传统计算机无法应对复杂的问题，还能向其他行业渗透并对所及产业展开技术赋能，这将对科技、经济和国家安全产生深远影响。"

上述说量子纠缠，能纠缠必须有影响力、吸引力、有感应才能纠缠在一起。月亮围绕地球转，是因为有万有引力。同理，地球围绕太阳转，也是因为有万有引力。但是，《周易》却拥有能纠缠的影响力、吸引力，使对方有感应。从现有资料上看，《周易》纠缠了古今中外众多读者和专家学者，书写了众多书籍，"汗牛充栋"。首先吸引了道家、儒家、墨家、阴阳家普遍重视对《周易》的研究，都站在各自的立场观点做出创造性的诠释。孔子便是例证。孔子年迈五旬喜读《易经》，写出著名的《易传》。易学家余敦康在《秦汉易学思想研究》中指出："易学在先秦的形成乃是综合百家、超越百家的产物。"

《周易》是由符号系统（阴阳爻）和文字系统（卦爻辞）先后组成，形成《周易》的"象、数、理"。但由于这两个系统没有普遍的紧密联系，又因时代的需要和文化背景的异同，使《周易》"象、数、理"一体分裂成象数派和义理派，各自都能自圆其说，历经多个朝代而相互争论抗衡。这都是《周易》吸引力引起的。东汉易学家郑玄、荀爽等不重视义理，着重于象数，所以可以说"汉易"重视象数。魏晋时期易学家王弼则反对这种学风。王弼重义理，着重于经文整体意义，著有《周易注》等。宋元明清时期，呈现两派并行发展的趋势。宋代易学家程颐重义理，著有《伊川易传》等，继承了魏晋时期王弼重义理的学风，把象数、占卜抛弃。而宋代的邵雍却重象数。易学大师朱熹几乎两派兼容，写有《周易本义》，把《易》限定为占卜书，认为经文（原文）就是问卜的占断。这些都是"宋易"。到了清代，易学百家争鸣，但清代易学大都排斥王弼，致力于"汉易"的复元，这是"清易"。

把《周易》义理引申到近代，增添了多个领域应用。近期出版的赵又春、邓球柏、邵乃读等作者的《周易》作品，便是直接根据《周易》古经原文的卦爻辞进行注释、解读，几乎不引用《易传》，读者直接品尝到《周易》的原汁原味。笔者认为《周易》应从"象、数、理"整体去理解，"象数"是《周易》的形体，"义理"是《周易》的魂。"象数"和"义理"这两派是《周易》的两朵花，花开两朵，各表一枝，但同根同气。

中国古代当权阶层对《周易》文化持有肯定的态度。汉代把《周易》文化提高到顶层，把《周易》列为群经之首。从汉代开始被列为考试重要科目。中国古代有不知"易"不可为将相之说。甚至《周易》纠缠到国外。十七世纪德国数学家莱布尼茨受《周易》阴阳的启发，创造了"0与1"的二进制数学。该数学是电子计算机的理论基础。日本明治维新组阁规定，不知"易"者不得入阁。清代《四库全书》对《周易》记述是："易道广大，无所不包，旁及天文、地理、乐律、兵法、韵学、算术，以逮方外之炉。"这些描述体现了《周易》在中国传统文化中纠缠到重要的地位和深远影响。它不仅是一部古代哲学著作，而且将思想渗透到中国文化各个领域，其深刻的思辨智慧和朴素的辨证观念，阐明了事物的运动变化永无穷尽，认为物极必反、否极泰来、穷变通久、革故鼎新、自强不息等等。

综上所述，《周易》越来越发挥影响力、纠缠力，涉及社会科学、自然科学。中央电视台《百家讲坛》曾播讲《易经的奥妙》说："科学越发达，《易经》越正确。"让《易经》告诉未来。《易经》即《周易》。没有一本书可以与《周易》相比，其内涵丰富。现代人读《周易》，哲学家可以看到辩证思维；史学家可以看到历史兴衰；政治家可以看到治世方略；企业家可以从中找到经营之道。笔者出版的《周易与人生》一书中，阐述《周易》六十四卦是人生的轨迹，人们阅读可以看见自己的身影，吸取正能量，趋吉避凶。

在本书增补本中，再举若干问答充实《周易》。本书也是《周易》纠缠的产物和例证。量子纠缠，《周易》也在纠缠，与时俱进，其影响力和吸引力将来会纠缠出更广泛的内容，因此《周易》万古长青。

六十问：称呼"东家"与《周易》有关联吗？

答："东家"的"东"起源与《周易》是有关联的。这类似本书第十八问"买东西不买南北"。周文王后天八卦的方位是上南、下北、左东、右西（中国古代的地图便如此）。古代帝王宫殿坐北朝南，帝王办公室也是坐北朝南，抬头看是南方，左东、右西，即左边是东方太阳升起的地方"旭日东升"，东为吉利、尊贵。文武大臣上朝时，文官走宫殿前面左边（即东面）的台阶，武官走右面的台阶。北京故宫讲解员对游客也是如此解释的。清朝晚年，东太后慈安是咸丰帝的皇后（东为尊为大），而慈禧只是贵妃是西太后。

由上述可知"左"和"东"是尊贵的方位。

《礼记》曰："行，前朱雀后玄武，左青龙右白虎。"其实这是说行军时旌旗的位置。后人引入看风水。又因"左青龙"既有"左"又有"青龙"，左与龙混在一起，而龙又是中华民族的图腾，这又加重了"左"的尊贵性。"尚左"成为中华民族的文化、习俗。左为大，例如照相时在主人左边为大，住宅院子的大门要开在左边，因为"右白虎"为凶。又例如北京四合院，主房是坐北（在此又引出一例，报导足球赛输了叫"败北"）。北房若三间，在中间开门，中间房祭祖先，左边的东房为长辈居住，东厢房也比西厢房重要。

民俗"东"象征主人或尊贵位置。例如宴会的主人请客，成为"做东""东道主"；房屋主人为"房东"；产权所有人称为"东家"；投资公司的人称为"股东"；等等。不能叫"做西""西道主""房西""西家""股西"等。这些是"西"不是"东"，这个"东"是由《周易》后天八卦引申出来的。从"东家"又引申出"尚左""败北"等词汇。由尊"东"联想到历史名人的坟墓。例如秦始皇的坟墓在陕西省西安市临潼区，坐西朝东；曹操的坟墓在河南省安阳市安丰乡，坐西朝东；刘伯温的坟墓在浙江省文成县南田镇，也是坐西朝东。这是让逝者在阴间也能看见太阳从东方升起"旭日东升"，吉祥。这些坟墓是笔者曾去访问时与有关专家一起测量过的。尊"东"好像是大自然的恩赐，中国地形地貌是西部高、东部低，"一江春水向东流"，水往低处东流，象征谦逊。谦逊是一种美德，这个德是坤卦的"厚德载物"，这又与《周易》有关联。

六十一问：成语"龙马精神"出自《周易》吗？

答：网上解读龙马精神，几乎都说"龙马"是一种动物，是传说中的古代的"骏马"，并说其精神起源于唐代诗人李郢写给裴晋公的诗句，即《上裴晋公》诗曰："四朝忧国鬓如丝，龙马精神海鹤姿。"

然而笔者认为"龙马"是两种动物，是龙和马。起源于《周易》的乾坤两卦。乾为天，坤为地。《乾》卦主角是龙，用龙比喻君子的奋斗过程。从初爻的"潜龙勿用"逐步上升到第五爻的九五之尊，由君子成为君主。这是龙的奋发图强精神和行动力。活动在空间"天"。《易传》曰："天行健，君子以自强不息。"这是说君子应该效法天道刚强劲健，日夜运转永不停息，自强不息，奋发向上。

坤为地，坤卦主角是母马，用母马比喻君子。其卦辞曰："坤，元亨，利牝马之贞，君子有攸往。"牝马即母马，在大地上攸往奔驰。从初爻的"履霜坚冰至"的艰难开始，到六五爻的"黄裳元吉"。在六五君王的位置上穿上皇族的黄袍，吉祥。《易经》曰："地势坤，君子以厚德载物。"这是说，君子应效法大地的宽厚，忍辱负重，承载万物。

上述乾为龙，坤为马，乾坤是龙马，其行动是"龙马精神"：自强不息，厚德载物。是中华民族崇高的品德，高尚的精神。被唐代诗人李郢领悟，写在《上裴晋公》诗中。

　　笔者出版《周易演义》及其姊妹篇《周易演义续集》，是新时代解读《周易》，与时俱进，古为今用。笔者认为，乾为天，象征国家的领空，龙保卫领空；坤为地，象征国家的领土，马守卫国家的领土。坤卦从初爻开始，马奔驰到第六爻即上六爻是领土的边疆，上六爻辞"龙战于野，其血玄黄"，这是说马守卫边疆时敌人入侵，马呼唤天龙下来应战，马与龙并肩浴血奋战，血染沙场，"其血玄黄"。这是华夏民族"龙马精神"流传数千年至今。"龙马精神"出自《周易》。

六十二问：如何用《周易》解释孔子去鲁适卫和第二次周游列国没成？

李希胜

周敬王匄二十二年癸卯，即公元前498年，也是鲁定公十二年，"孔子劝说三家接受'堕三都'，并由子路具体实施，但最终由于'三家'的反悔，'堕三都'半途而废，子路失去季氏宰的职位，孔子也受到三家的冷落和排挤"，[1] 离开鲁国。毕竟是离开母国，所以便走得不是很痛快。《孟子·万章》里是这么写的："孔子之去鲁，曰迟迟吾行也，去父母国之道也。"可见当时孔夫子还是不太情愿离开的。据邵雍《皇极经世》，那一年贲卦值年。贲卦讲为臣之道，其象传说"贲其须，与上兴也"，就是讲臣道须同上，这样会是很厉害的臣子。当然，这里的贲卦是有一个前提的，就是得内实，得有真材实料。贲卦值年，出行大利，出使四方为人重。

到周敬王匄二十三年甲辰，即公元前497年，也就是卫灵公三十八年、鲁定公十三年，卫灵公给孔子的俸禄和他在鲁国时一样，也就应了之前一年的贲卦值年。《史记》里是这样记载的："三十八年，孔子来，禄之如

---

[1] 高专诚：《先师孔子》，太原：北岳文艺出版社，2023年，第292页。

鲁。"就是换了个工作，待遇一个样。而这一年是既济卦值年。既济，就是讲过于物之后，必然回归合适角色，流年值此，即便有禄也是迁调外地，孔子这个经历，和这个吻合。

说孔子第二次没游成，我的理解，孔子应该是自己不想周游了。

据《乾凿度》载："……（孔子）生不知易本，偶筮其命得旅，请益于商瞿氏。曰：子有圣知而无位。孔子泣曰：凤鸟不来，河无图至，天之命也。于是始作十翼。"旅，就是旅卦。这一点，《论语·子罕篇》有其姐妹篇是这样写的："子曰：凤鸟不至，河不出图，吾已矣夫。"

凤鸟不至，就是不来，就是离，离就是离卦；河不出图，就是止，止就是艮，艮卦，这正好就是火山旅卦。旅，彖云："小亨，柔得中乎外，而顺乎刚，止而丽乎明。"也就是离明于身而不能行。

《论语》和《乾凿度》遥相呼应，抛开文章开头提到的孔子工作受挫和换了个工作待遇一样，最根本的原因，是孔子自己知道自己集大道于一身，却不能推行于天下，自己止步不再周游了。也就理解孔子第二次周游为什么没成了。

六十三问：《周易》有为逝者埋葬礼物的说法吗？

答：有。《周易》作者精心设计安排六十四卦，这是人生的轨迹。本书已经多次提到乾坤首二卦，乾为阳是一扇阳门，坤为阴是一扇阴门，这阴阳两扇门合起来是《周易》的前门。人生进入前门经历六十卦到达末二卦后门。因为既济卦是用小狐狸比喻人已经渡过河到达彼岸人生终点，是一扇阳门，但还有未济卦，尚未过河，还要到阴间去过河，是一扇阴门。这末二卦阴阳两扇门合起来组成《周易》后门。人生从前门进来，从后门出去。未济卦是《周易》最后一卦，为逝者过河设计的。其最后一爻即上六爻辞："有孚于饮酒，无咎。濡其首，有孚失是。"爻辞说，"有孚"是心情高兴时饮酒，无过错，但不要饮酒过量，把头都弄湿了，失礼。这是逝者的亲属，把逝者埋入地下（阴间），又把逝者生前喜爱的酒放在逝者周围，认为他还活在阴间继续饮酒。正如《周易·系辞》里说的"生生之谓易"，即生生不息。

《周易》并未明文阐述人生的生与死，却隐含在末二卦的深层次。暗示过河做比喻，让后人去领悟、去发掘。笔者尚未见古今有此解读的。《周易》是哲学书，生与死是哲学永恒的话题。《周易》不仅把逝者安排在末卦未济卦，而且提出家属把逝者生前喜爱的物品葬在逝者周围继续使用，这是《周易》作者巧妙的安排，也影响到后代的民俗文化。近代虽已经废除，但还应感谢这民俗文化，使当代人能看到兵马俑、马王堆、明十三陵、清东陵，近期又挖掘了三星堆，等等。展现了丰富的宝藏，彰显了中华民族的智慧、才能和璀璨的文化。

六十四问：是《周易》阻碍中国科学发展吗？

答：这个问题的源头是诺贝尔奖获得者杨振宁在 2004 年 9 月 3 日的"文化高峰论坛"上所作的报告，其言："《易经》影响中华文化的思维方式，而这个影响是近现代科学没有在中国萌芽的重要原因之一。"其重点是《易经》和中华文化有归纳而没有演绎。但在同年 11 月 6 日，中华文化复兴研究院的龙雨辰等六位学者公开致信杨振宁教授，确切指出，不仅中华文化有演绎，而且《易经》也有演绎，并提出《易经》并没有阻碍科学的发展，展开了论战。

尤其重要的是 2006 年 5 月 13 日至 14 日，北京大学国学中心太极文化研究所、中华文化复兴研究院、比利时理学研究所、北京周易研究会等单位在中国科学院举行的"《周易》阻碍科学的发展还是促进科学的发展研讨会"，达到论战的高峰。细节此处略。结论是，到会的学者认为《周易》没有阻碍科学的发展，持这种观点的学者、专家从易学是中医发展的动力，《周易》对古代科技产生有利的影响，对《周易》取象的比类演绎着多种解读必将成为多元素的科学的重要方法，《周易》的理念和科学精神等多方面论证了《周易》促进了科学的发展。

《周易》是一部哲学和文化书，是中华文化的源头，又是一部占筮书，是中华传统文化经典著作，博大精深，阐述百种事物、百态人生。其理论体系结构严谨，其理论思维形式也多种多样。不仅在国内，传播到西方时，也引起西方许多著名学者专家重视《周易》的演绎及其对科学的启迪。例如十七世纪德国数学家莱布尼茨受《周易》阴阳论的启发，创出二进制数学，这是电子计算机理论的基础。

《周易》的基因与占筮有关。那时期原始占筮的目的，是在忧患意识中，用占筮推演来趋吉避凶，是智慧。后代禀承命理八字等是术数，是《周易》的一个分支。《四库提要》说："术数之兴，多在秦汉以后，其要旨，不出乎阴阳五行、生克制化。实皆易之支源，傅以杂说耳。"当代著名易学家、山东大学的刘大钧教授认为，认为《周易》只有归纳而没有推演是常识性错误。他认为众所周知，《周易》是最早的一部算卦的书，算卦的方法就是靠推演，举一反三，怎么能说没有推演呢？易学者中的后起之秀、哈尔滨工程大学教授、博士生导师史少博在其《周易的启迪》[①] 一书中也有相关论述，摘录如下：

> 中国古代术数的八字推命术具有严格的演绎推理，也证明了《周易》的演绎推理思维不容否定。中国古代八字推命，首先根据人的出生时间，确定了各种基本概念为大前提，然后将一个人的八字拿来按照大前提进行推论。推论程式是一定的，就像代数学，先立一个公式，然后一步一步地推演下去。例如：在推断人的命运时，推命术士将东西南北与五行相配，并推出此人命中对五行的宜忌，从而断定此人应向什么方向发展。又如在推断某人的六亲时，则以日干表示自

---

① 详见史少博：《周易的启迪》，人民日报出版社，2014年版，第111、112、119页。

己，日支代表配偶，年干支代表父母，月干支代表兄弟，时干支代表子女；又根据日干与年、月、日、时干及四个地支中所含的天干之间的阴阳、五行匹配不同的关系，确定正官、偏官、正印、偏印、正财、偏财、比肩、劫财、伤官、食神概念，然后把大运、小运、流年运配合四柱的构成，再根据五行的生克、地支的刑冲等进行严格的推理，从而推断六亲的吉凶。其中严密的推理、不可置疑的演绎推理，蕴含了古人的智慧，也许会改变看法。

由上分析，《周易》有内在的逻辑性，不仅具有归纳思想，而且也具有演绎思维，这也早被古今中外专家、学者所认可，故而有人认为《周易》没有演绎思维，由此推断《周易》阻碍中国近代科学发展，这种观点是错误的。因为按照演绎逻辑思维的逻辑，认为"《周易》没有演绎思维，从而导致中国科学的裹足不前"，《周易》没有演绎思维是前提条件，从而导致中国科学的裹足不前是结论，前提条件错误，结论肯定错误。笔者认为，中国近代科学裹足不前原因很多，不能把罪责归为《周易》。

《周易》问世不是一蹴而就，有演变过程，该过程是演绎过程。《系辞上传》如此描述其演绎过程："易有太极，是生两仪。两仪生四象，四象生八卦，八卦定吉凶，吉凶生大业。""生"在这里不是"产生"，而是"演变"。就是说八卦由四象演变而来；四象由两仪演变而来；两仪由太极演变而来。（见下图）

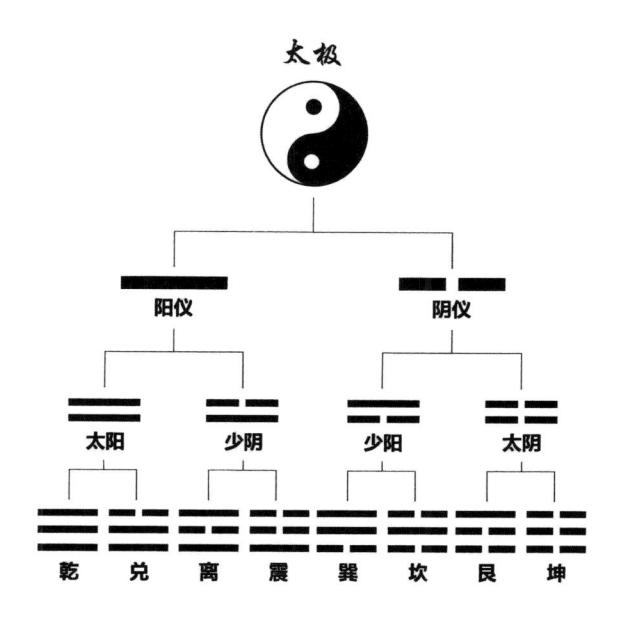

由上图可知，开始以阴阳鱼太极图为一，一生二，二是两仪即阴和阳。两仪生四象（太阴、少阳、少阴、太阳）。四象生八卦，八卦每卦三爻为经卦，两个经卦叠加为六爻是重卦（别卦），总共演绎成《周易》六十四卦。《周易》继续演绎，如同量子纠缠，涉及社会科学和自然科学（详见本书第五十九问答）。这是从另一个角度论证，《周易》先天基因和后天都有演绎功能。

六十五问：你知道什么是"当位"？有何影响？

答：《周易》六十四卦每卦都是六爻，其位置是从下往上依次为：初、二、三、四、五、上。其中初、三、五是奇数是阳位，二、四、上是偶数是阴位。用九表示爻性是阳爻，用六表示爻性是阴爻。若阳爻居阳位，即初九、九三、九五，阴爻居阴位，即六二、六四、上六，都称位正，守正，又称"当位"。"当位"之爻通常是顺利为吉，反之不顺不吉（但并非全如此）。

例如末二卦的既济卦和未济卦。既济卦的爻位初、三、五是奇数为阳，恰好是阳爻所在的位置；爻位二、四、上是偶数为阴，恰好是阴爻在此位置。既济卦这六爻是阳爻在阳位，阴爻在阴位（详见第八问中的框架图），这称全"当位"。因此既济《象传》曰："刚柔正而位当也。"《周易》六十四卦唯有既济卦如此。

《周易》主题是人生，人生经历六十四卦。《周易》开始乾卦六爻皆为阳爻，坤卦六爻皆为阴爻。之后其阴阳爻变换形成各卦，每一卦含义都不相同，原因是变卦了。《周易》为什么要"变卦"？因为要演绎百种事物、百态人生，直到第六十三卦既济卦不再变，已全"当位"，即人生找准自己的位置。"既"是已经，"济"是过河，用小狐狸过河比喻人渡过河到达彼岸人生终点归宿。《周易》作者用心良苦，赐予既济卦全"当位"，是对人生的祝福。

既济卦之后，还有未济卦。未济卦六爻是阳爻在阴位，阴爻在阳位，没有一个"当位"，全失位，在人间没有位置了，要到另一个世界就位。因此未济卦是尚未过河。《周易》精神是"生生不息"，安排在另一个世界去过河。这是从"当位"来论述生与死，是对第八问答的补充。因为末二卦也是论述"有我"和"无我"，既济卦六爻全"当位"是"有我"是人生，人生苦短，长命才百岁，要自强不息，多做贡献，立功劳；未济卦六爻全失位是"无我"是逝世（离开这个世界），长眠于地下，在另一个世界是永远。《周易》是这样安排的，隐含要珍惜短暂的人生，发挥正能量。

再举"当位"数例，用《易传》中的《象传》做解释如下：

《家人·六四》曰："富家，大吉。"《象传》曰："富家大吉，顺在位也。"

《临·六四》曰："至临，无咎。"《象传》曰："至临无咎，位当也。"

《否·九五》曰："休否，大人吉。"《象传》曰："大人之吉，位当也。"

《蹇·六四》曰："往蹇，来连。"《象传》曰："往蹇来连，当位实也。"

再举不"当位"数例，仍用《易传》中的《象传》做解释如下：

《恒·九四》曰："田无禽。"（恒卦九四爻不"当位"）。《象传》曰："久失其位，安得禽也。"

《噬嗑·六三》曰："噬腊肉，遇毒，小吝，无咎。"《象传》曰："遇毒，位不当也。"

《否·六三》曰："包羞。"《象传》曰："包羞，位不当也。"

《震·六三》曰："震苏苏，震行无眚。"《象传》曰："震苏苏，位不当也。"

上述例子可知，"当位"为顺为吉；不"当位"有的不顺不吉。

从"当位"中引出"中正"。其过程是每卦六爻，下卦是初、二、三爻，第二爻在下卦中位；上卦是四、五、上爻，第五爻是上卦中位。如果阴爻在下卦中位（即六二爻），阳爻在上卦中位（即九五爻），都称为"中正"（是"当位"之一）。中正通常象征善美和成就。例如《贲·六二》曰："贲其须。"解读"贲"为修饰。"须"是胡须。爻辞说，把面部胡须都修饰了，美容。例如《乾·九五》曰："飞龙在天。"解读：九五之尊，君子已成为君王，如同飞龙。"中正"的"中"字在《周易》和《易传》里出现百余次。《易传》里有"中正""刚中""中行""中节""得中""中道""中吉""柔中"等，在《周易》里有中孚卦的"中"。"中"字在中华文化中具有特殊含义。"明学"创始人弓克先生说"中"字是阴阳。也就是把"中"字分解为二字："口"象征女人为阴、"｜"象征男人为阳。"中"是阴阳平衡。这使"中正"具有重要概念和象征，如同《中庸》引出的"中"。该书阐述人生哲学和修养问题，强调"中庸之道"，不左不右走"中"间道路。"中"在此是阴阳协调，是和谐。

六十六问：《周易》时与位以及卦位与卦象有何意义？

答：《周易》中的"时"与"位"是两个重要的概念，揭示了事物发展的规律性，给人们的生活和事业提供了行动指南。

（一）时的含义及其作用

"时"指的是时机、时势，被用作《周易》卦爻辞吉凶判断依据之一。人做事要掌握时机、时势，时机不对努力白费。顺势而为为吉，识时务者为俊杰，反之不应行动。例如《乾·初九》曰"潜龙勿用"，龙在潜伏期不要轻举妄动，因时机不成熟。

（二）位的含义及其作用

"位"在《周易》中主要是指位置、地位，即爻位在六爻中占据哪一个位置。强调的是在适当的位置采取行动，首先要找准自己的位置。例如乾卦第一爻是初九"潜龙勿用"，龙的位置在最低层隐伏，积蓄力量，暂时没有作为，"勿用"。《周易》的智慧体现在"位"上，指导当代人想要成功，即使有才能和力量，不在其位也难发挥作用。即使在位，又有多少有位的人能守得住呢？

（三）"时"与"位"组成《周易》坐标

"时"是时机，是时间，是横坐标（横轴）；"位"是地位，是空间，是纵坐标（纵轴）。六爻的位置，从底层伴随时间逐渐由下往上到高层。"时"中有"位"，"位"中有"时"，缺一不可，合二为一即纵横坐标的交点，是机遇、命（运）。例如乾卦初九爻"潜龙勿用"是坐标原点。

每卦六爻是按不同"时位"而组成，即《系辞传》所谓"圣人之大宝曰位"。《乾·彖传》曰："六位时成，时乘六龙以御天。"这说明"六位时成"有位、有时，形成六爻的龙。即潜龙、见龙、惕龙、跃龙、飞龙、亢龙，都是因"时"而处于不同的"位"。这六爻的龙是在《周易》坐标的六个交点上。由初爻坐标原点君子"潜龙勿用"，因时机的变化，地位会上升到九五爻"飞龙在天，利见大人"。九五爻位是九五之尊，"时势造英雄"，君子成为君主，他是"飞龙在天"，可以"利见大人"，他可以惠及万民，使百姓安居乐业，若如此是"英雄造时势"。若问：命在位，位在时，此时你是哪条龙？

《周易》强调用乾卦六爻概括事物发展过程和人生经历。初爻萌芽"勿用"；二爻崭露头角；三爻功业小成，慎行防凶；四爻渐进高层，警惕反省；五爻圆满成功，盛还上升；六爻发展到终点，水满则溢，物极必反，居安思危。

需要强调指出的是，乾卦这六爻是由"时"与"位"恰当地组合成框架，驱动事物发展过程和人生经历。

解读《周易》者认为，六爻的吉凶在很大程度上是由各爻所处的"位"（置）及其相应的"时"机所决定的，顺时而行、应时而变者为吉，失时者为凶。《易传》说"乐天知命",便是"乐"知之"天"是"时",在"位"知"命"即机遇、命运,这是《周易》坐标上的交叉点,通过"时"与"位"体现出来的。"时"与"位"刻画了人生的轨迹。例如:人诞生时,位于包裹里;上学时,位于书桌边;结婚时,处新郎、新娘之位;工作时,位于职业、职称中;退休时,位于家中;人生终了时,位于坟墓里。

再看《周易》里卦位与卦象有何意义。

这个问题,易学家高亨做了解答。什么是卦位?他在著作《周易大全今注》说:"卦位者,别卦所重之两经卦之位置也。两经卦重为一别卦,总是一经卦在上,一经卦在下,故六十四卦皆是上下之位也。"即,八卦中每一卦称为"经卦",每两个经卦叠加组成六十四卦,其中之一称为"别卦"(又称重卦)。此别卦由一个经卦在下、一个经卦在上构成。例如师卦,由一个经卦坎和一个经卦坤构成,坎下坤上。又如谦卦,由一个经卦艮和一个经卦坤构成,艮下坤上。

每个别卦的两个经卦各有其卦位和卦象,卦位与卦象相结合,构成了别卦的卦象。卦位属于卦象,卦象由卦位构成。正如高亨上述书中所说:"每卦之两经卦各有其卦象与卦位,卦象与卦位相结合,乃构成卦象之整体,卦位属于卦象,卦象包括卦位。《象传》《象传》以卦象卦位者解经习见,《系辞》《杂卦》亦偶有之。"

八卦的性质可以分为两类,阴卦和阳卦。确定他们性质的是卦画,即笔画。阳爻是一,阴爻是二,经卦三个爻加起来若笔画是偶数的为阴,笔画是奇数的为阳。例如经卦巽、离、坤、兑是阴卦,经卦乾、坎、艮、震是阳卦。概括来说通常别卦若其经卦在下是阴卦,在上为阳卦,一般情况较吉利,若相反则不吉利(个别卦例外)。如既济卦由经卦离和坎构成,离为阴卦,坎为阳卦,整体卦是下离上坎即下阴上阳,为佳。而未济卦也是由经卦离与坎构成，其卦位是下坎上离即下阳上阴，不佳。从该二卦得知，两个经卦组成异卦，由于经卦上下位置不同，而使异卦即别卦含义也不同。既济卦为佳，未济卦为不佳，含义正相反，可见卦位的重要性。高亨在书中又分为大致以下五种情况：

1. 异卦（异卦是指两个不同的经卦组合）排列为上下的位置，如此两个经卦象征事物是上下关系。例如师卦，下坎上坤，坎为水，坤为地，地在上，水在下，即地下有水。《师·大象传》曰："地下有水，师，君子以容民畜众。"即言师卦下坎上坤，象征大地下有蓄水，君子要宽厚待人，容纳并蓄养民众。

2. 异卦排列在内外的位置，如此两个经卦象征事物是内外的关系，下卦为内卦，上卦为外卦。例如：大过卦内卦巽，外卦兑。巽为木，树木，兑为泽水，大水。大水把树木淹没了，太过分了。正如《大过·大象传》曰："泽灭木，大过。"

3. 异卦排列为前后的位置，如此两个经卦象征卦的一前一后。上卦为前，下卦为后。例如：涣卦下坎上巽，后卦为坎，前卦为巽。坎为水，巽为风。风吹到水面上，把"涣"散不好的现象吹散。正如《涣·大象传》曰："风行水上，涣。"

4. 异卦排列为平列的位置，象征两种事物是并列的关系，即上下两卦是并列的。例如：噬嗑卦，下震上离，震为雷，离为火。震、离是电闪雷鸣，即《噬嗑·大象传》曰："雷电，噬嗑。"

5. 同卦排列上下的位置，不是异卦而是相同的两个经卦重复在上下卦的位置。因是同一经卦，象征事物相同、重复，有加深的含义。这种经卦有乾、坤、艮、兑、坎、离、震、巽八卦。例如坎卦，下坎上坎，坎为水，坎坎深水，坎坷加重，即《坎·大象传》所说，坎卦下坎上坎，坎为水，水接续而至，象征重要险陷。

六十七问：《周易》如何阐述求同存异？

答："求同存异"出自《礼记·乐记》，是指在存在差异的情况时要找到共同点，保留不同意见，建立起互信与合作关系。它强调在多元化社会中寻找共识，互相理解和尊重，通过妥协和包容化解矛盾。在处理人际关系或解决问题时，通过寻求共同点来建立共融关系，同时保留各自的差异，如此有助于有效地解决问题。这在多个领域都有应用，如政治、经济、社会等，可以扩大到国际。例如在政治领域，它有助于国与国求同存异的合作关系，促进和平与发展，避免战争。在经济领域，不遏制对方的经济发展，共同创建新质生产力，提高生产效率，产品互通，互利共赢。在国内社会领域，它有助于减少冲突和矛盾，增进信任与合作。为人处世要学会求同存异。

求同存异是哲学，也是一种学问，应该倡导弘扬。《周易》里充满求同存异的意识，虽未出现该词汇，却隐含在象和卦爻辞中，启发读者悟出"求同存异"。下面以同人卦为例。

同人卦卦辞曰："同人，同人于野，利涉大川，利君子贞。"

解读："同人"，卦名。《辞海》讲"同人"是"志趣相投或共事的人"。所以"同人"就是求同存异的人（本文的命题）。要以修建的城墙为基准，城墙外面为"野"。卦辞说"同人于野"，是争取团结的人群达到郊野那样的广泛。"亨"是发展亨通，可以涉大川，对君子有利。

同人卦象，是由下卦离为火、上卦乾为天构成。乾天把阳光洒下人间，光明、温暖人间；离火在人间燃烧，也使人间光明、温暖。两者虽然一个天上，一个在人间，但功能却一样，可谓志同道合，因此称为"同人"。又因乾天为君王，离火在人间为平民，君民上下融洽合作，君爱民，民拥君，君无凌驾之意，二者视为"同人"。即使二者有差异，也是求同存异。

《同人·大象传》曰："天与火，同人，君子以类族辨物。"意为，同人卦是下离火，上乾天，天与火相结合，象征天人合一。君子分辨出，物以类聚，人以群分（隐含这种分辨是"求同"存异）。

《同人·初九》曰："同人于门，无咎。"

解读："门"俗称门派，如孔门弟子、佛门弟子等。阐述不仅这些门派的人团结在一起，还要把"门"外之人也视为"同人"团结在一起，求同存异，因而做得对，无咎。

《同人·六二》曰："同人于宗，吝。"

解读："宗"是宗族、宗亲、宗派。爻辞说，仅在有血统关系的宗族范围搞团结，实在是太有局限性。范围较小，令人遗憾，即"吝"。

这是狭隘的宗法制度，不能团结各阶层的人。若想做大事，交更多的朋友，不应只依赖于同宗族的人，应团结大众和志同道合的人，与之求同存异，才能不吝。

《同人·九三》曰："伏戎于莽，升其高陵，三岁不兴。"

解读：戎即军队、士兵，莽是茂密的草。爻辞说，军队埋伏在茂密的草木中，登上高山瞭望敌情，见敌情防御较严，短时期不敢轻举妄动，三年不敢兴师进攻。积蓄力量，继续扩大"同人"，以利进攻。

该爻隐含该军队短时期埋伏，是经过协商讨论过的，是多数的意见，包含少数不同意见（急于进攻），此决定是求同存异。

《同人·九四》曰："乘其墉，弗克攻，吉。"

解读：乘，乘上。墉，城墙。爻辞说，终于进攻了，已攻破城门登上城墙。"弗克攻"是没继续进攻，为减少流血牺牲，和敌方和平谈判成功，进军城里，吉祥。

进攻方破门登上城墙有利地位，敌方见此情况，通过谈判，双方求同存异，敌方投降，和平解决。如同1949年，傅作义领导的国民党部队盘踞北平（后改为北京），共产党领导的八路军，兵临北平城外欲攻城，但经双方谈判，对方投降，和平解放北平，也是双方求同存异，顾全大局。

《同人·九五》曰："同人先号咷而后笑，大师克相遇。"

解读：咷，哭喊。爻辞说，进攻部队是同人，先号咷是形容进攻时期的艰难险阻，而后攻占了敌方才欢笑。"大师"是支援的大部队（也是同人），克服了敌方的阻挡抵抗才与盟军会师"相遇"。

《同人·上九》曰:"同人于郊,无悔。"

解读:同人已完成任务回到郊野,无悔恨。该卦开始时,卦辞说"同人于野",号召在郊野结成"同人"去远征。最终"同人"已完成任务,在上九爻已返回出发地。同人于郊野,无悔恨。进攻部队和支援部队,二者共同目标是消灭敌方,这是"求同",但各自承担损失,是"存异"。

总结:解读同人卦,要悟出这是一场战争卦,充满火药味。从卦辞"同人于野"开始在郊野把志同道合、求同存异的人结成"同人"(准备出征)。

初爻"同人于门"把门派广大弟子结成"同人",隐含去参军。

六二爻"同人于宗"受到批评,仅在宗族血统中结成"同人"太狭隘了,应争取广大群众志同道合结成"同人"。

九三爻"同人"部队去战斗,"伏戎于莽"是埋伏在茂密草木丛里,等待时机去攻敌。

九四爻"乘其墉,弗克攻"是攻克敌方城门,已登上城墙,与敌方和平谈判成功。

九五爻"同人"已占据敌方,"同人先号咷"是形容战争残酷,而后胜利欢笑,又与"大师"盟军相遇。

上九爻"同人于郊",是"同人"部队完成任务,返回到卦辞所说的出发点,即"同人于野(郊野)"。

此卦作为"求同存异"的例子,上述每一爻都隐含着"求同存异"。

上述对同人卦的解读不符合《易传》所述。《易传》是孔子对《易经》的解读，并非标准答案，否则不会出现众多解读《周易》的书籍。正如本书序言所述，古今解读《周易》都是"《周易》猜想"，因为没有标准答案。求同存异又一例，即睽卦，在下面阐述。

睽卦的"睽"，即背离、分散。其卦象由下兑上离构成。下卦兑是泽水往下流，上卦离是火向上燃烧，二者奔走相反的方向，背道而驰，产生背离，即"睽"。八卦分为两种，即阴卦和阳卦。卦画即笔画是偶数者为阴卦，笔画是奇数者为阳卦。睽卦的两个经卦即兑卦离卦都是阴卦，兑为少女，离为中女，二者是亲姐妹，嫁到不同的人家而背离；或理解为姐妹同住在家中，生活习惯、志愿不同而"睽"。但是卦象下兑，兑的卦德是"悦"，喜悦；上离，离的卦德是"丽"，是漂亮、光亮，能使下面喜悦。合起来即下面喜悦上面光明，喜悦融在光明里。表明亲密姐妹还是有感情的，藕断丝连。在"睽"中隐含"合"（求同存异）。睽卦含有"睽"与"合"的两面性，其宗旨是启发在"睽"中寻找出"合"。

睽卦卦辞曰："睽，小事吉。"

解读：两人的观点不同，对同样的事有不同的看法。若在小事情上意见不合，无大妨碍，无所谓，故小事吉。

《睽·大象传》曰："上火下泽，睽。君子以同而异。"

解读：这是说睽卦下兑上离，是下泽上火，火往上，水往下，背道而驰，是"睽"背离。君子要争取求同存异。

《睽·彖传》曰："天地睽而其事同也，男女睽而其志通也，万物睽而其事类也。睽之时用大矣哉。"

解读：天阳地阴，天与地隔离则有阴阳交感而生万物。男女异性，则有异性相吸相慕而成眷属。万物其形，则各有不同属性而成不同物类。但异中有同，同中有异，即阴中有阳，阳中有阴，如同太极图，这并不是夸大呀。

《睽·初九》曰："悔亡，丧马勿逐，自复。见恶人，无咎。"

解读：不要悔恨马走失了，用不着找，多年驯养的马会认识主人的马圈，马会回来的。即使遇到了恶人想偷走它，它与恶人不相识，恶人不会得逞，无损失。

言外之意，马走失是"睽"，但会回来是"合"；像偷走马的恶人是"睽"，但主人与他相遇，也不要怒火，说明道理，他可能会悔改是"合"，无遗憾（无咎）。

《睽·九二》曰："遇主于巷，无咎。"

解读：原与主人不和（睽），又在窄巷相遇，俗称"冤家路窄"，但稍加躲让，双方都通过了（合），这是解决"睽"的一种方法，无过失（无咎）。

《睽·六三》曰："见舆曳，其牛掣，其人天且劓，无初有终。"

解读：舆，车。曳，拖拉，牵引。掣，牵制，阻碍，例如掣后腿。劓，古代割鼻刑罚之一，在此比喻五官不正。天，其意不是人为的，是先天的。

爻辞说，遇见牛拉车，牛有脾气不好好拉车，车夫又是先天五官不正，牛与车夫不配合（睽），初始有些艰难情况，经过双方磨合，最终不"睽"了（合），到达目的地。这启发人们设法合作求同存异，才能到达目的地。

《睽·九四》曰："睽孤遇元夫，交孚厉，无咎。"

解读：孤身一人在外，遇见一位阳刚的大丈夫，彼此以诚相待，虽有危险，但最终没有灾殃。这启发我们彼此以诚相待，求同存异，可以化险为夷，称为"厉无咎"。

《睽·六五》曰："悔亡，厥宗噬肤，往何咎。"

解读：厥，其他的，文言代词。宗，宗族。噬，吃。肤，肉，肥肉。

爻辞说，懊悔事过去了，宗族到寺庙祭祀，相聚共食酒肉，消除分歧团结了，共同前进无过错。这表明由悔恨"睽"转为"合"，求同存异了。

《睽·上九》曰："睽孤见豕负涂，载鬼一车，先张之弧，后说之弧，匪寇婚媾，往遇雨则吉。"

解读：豕，猪。负涂，涂上泥巴。载鬼一车，车上载了一车鬼。弧，木弓。说，脱。

爻辞说，孤身一人在外，看见车上装载像是身上涂了泥巴的猪，又像是一车鬼（令人害怕），便拿出弓箭欲射之。但仔细看，是化了妆的人，收起弓箭，因为他们不是强盗，而是求婚者。往前走遇到雨，会冲洗掉身上的泥巴，露出真面目更吉祥。这爻辞多么形象地化"睽"为"合"，求同存异。

六十八问：为什么《周易》拥有忧患意识？

答：《周易》的忧患意识与居安思危有关联。"安"和"危"是生活中客观存在的两种现象。安是安定、祥和、太平，是安居乐业；而危是危害、凶灾、混乱，不能安居乐业。安和危是互相依存、互相对立又互相转换，俗称"乐极生悲"。"安"蕴含"危"，需要临"危"不惧，冷静思考应该怎样行动，化险为夷，这是《周易》阐述的居安思危的忧患意识，目的是趋吉避凶，使事业成功。

《周易》的居安思危忧患意识，构成中华文化的一部分，是中华民族人生哲学和生存智慧的体现，影响深远。孔子说："作《易》者，岂有忧患乎？"孟子又告诫说"生于忧患，死于安乐"。范仲淹说"居庙堂之高则忧其民，处江湖之远则忧其君"。欧阳修说"忧劳可以兴国，逸豫可以亡身"。《周易》有关卦辞爻辞中深沉地阐述忧患意识，提醒人们身处顺境时要居安思危（将要发生的困境），通过自身努力，化险为夷。请看下面一些例子。

乾卦初九爻"潜龙勿用"，龙潜伏期勿用，等待时机。九二爻"见龙在田"，龙出现田间，步入社会工作。到了第三爻即"君子终日乾乾，夕惕若厉，无咎"，这是说君子终日勤奋地工作，小有成就，到了晚间还要反省终日所作所为，警惕别犯错误，才能安稳无咎。从九三爻升到九四爻"或跃在渊"的跃龙，渊是深渊，再往上跃，要慎重，注意别跌落到深渊，要有忧患意识。到了九五爻"飞龙在天"九五之尊，君子成为君王，事业有成就，飞龙在天，飘飘然了。到了顶层，即上九"亢龙有悔"，君王职位最高，要反思物极必反，不能再飘飘然得意忘形，要居安思危，要有忧患意识，自我处理好，以免有悔。

再看《履·九四》曰："履虎尾，愬愬，终吉。"愬愬，惊恐不安。爻辞说，跟着老虎屁股走，不慎踩到老虎尾巴，感到惊恐不安，此时要立即思考，不要再犯错误，可以终吉。《易传》也说，"愬愬，终吉，志行也"。

再看由下离上坎构成的既济卦。卦辞："既济，亨，小利贞，初吉终乱。"应看《易传》如何注解，即《既济·大象传》曰："水在火上，既济，君子以思患而豫防之。"卦辞说上坎下离构成该卦。离是火在下，坎是水在上，表示烹饪已经完成，初吉。但是水在火上面，也有水把火浇灭的风险，终乱。君子要"思患"，悟出这个道理，事情开始时不能只想到吉祥，还应考虑到之后可能发生的灾患，应事先预防。如此应有忧患意识，居安思危。

再看《否·九五》曰："休否，大人吉，其亡其亡，系于苞桑。"爻辞说，阻塞休止而畅通了，大人获得吉祥；时时提醒自己将要灭亡，要设法保障安全，就像系在很茂盛的桑树那样牢固（这让读者体会到居安思危的浓浓忧患意识）。再看《易传》对此阐述，即《系辞传》曰："君子安而不忘危，存而不忘亡，治而不忘乱，是以身安而国家可保也。《易》曰：其亡其亡，系于苞桑。"这近似白话文，易懂。这是把忧患意识提高应用到修身、齐家、治国、平天下。

笔者曾与易学家南怀瑾先生相聚时讨论《周易》。他说《易经》整部书充满忧患意识，让人居安思危，以占筮作为指南，解除忧患，指导人们趋吉避凶，这是《易经》问世的目的。

正如易学家朱伯崑在《易经的忧患意识与民族精神》中说："《易经》这部古老的典籍，是通过占筮的形式，要人们对自己的处境和言行，时刻保持警惕。即是说，要有忧患意识，以自省和改过改善自己的处境，从而化凶为吉，或避免不幸。"

与南怀瑾先生讨论时，他又说《易经》的忧患意识，不仅体现在每卦六爻中的顶层上爻，警惕人们物极必反趋于危险，还体现在每卦六爻中的开始初爻，有忧患意识。笔者据此说，找到一些初爻的例子展示如下：

《讼·初六》曰："不永所事，小有言，终吉。"

解读：事，在此处指的是诉讼之事。爻辞说，不要长时间地争讼不休，不宜总是争辩纠缠下去，得饶人处且饶人，不要结成冤家对头，化解是"终吉"，不去理睬说三道四的"小有言"。（该爻辞言外之意，让讼者开始就要居安思危，有忧患意识）。

《豫·初六》曰："鸣豫，凶。"

解读：豫，卦名，有多种意义如欢乐、安逸、预备、计划、防御等。此处取欢乐之义。

爻辞说，因欢乐而自鸣得意，有凶险（要居安思危，俗话说，乐极生悲）。

《夬·初九》曰："壮于前趾，往不胜，为咎。"

解读：夬，卦名，有解决、果断、分开之义。趾，脚趾。

爻辞说，仅仅前趾壮大，此形容力量还很弱，出征不能胜利，会留下遗憾。

这种状况，不要轻举妄动，不要急于行动，要居安思危，要打好基础，积蓄力量再行动。老子说诸多事物开始时很重要："合抱之木生于毫末，九层之台起于垒土，千里之行始于足下。"

《艮·初六》曰："艮其趾，无咎，利永贞。"

解读：艮，卦名，艮象征山。山是静止的，引申为控制。

爻辞说，要控制脚趾，表示既要量力而行，又要出发点正确。千里之行始于足下，否则一失足成千古恨。这样做无过错（经过居安思危的忧患意识才去做），如此有始有终"利永贞"。

六十九问：再问乾坤二卦的重要性

答：孔子注释《周易》写了《易传》共十篇，其中有两篇即《文言传》是专为首二卦乾坤写的，可见乾坤二卦的重要性。此二卦不是单一性质的，而是蕴含多层次的丰富内容。本书第五问已阐述一些，再深入补充阐述如下：

（一）乾坤门户

《系辞传》曰："乾坤，其《易》之缊邪？"此"缊"应是蕴。这是提出问题，问乾坤里蕴含着《易》吗？自问自答，后面回答："乾坤成列，而易立乎其中矣。"因乾卦六爻（再加第七爻）皆为阳爻，坤卦六爻（再加第七爻）皆为阴爻，此二卦"乾坤成列"，排在六十四卦的首位，隐喻为《周易》的门户。

后代易学者直接挑明乾坤二卦是《周易》门户。例如东汉魏伯阳著《周易参同契》开篇就说"乾坤者易之门户"。唐代李鼎祚著作《周易集解》说"乾坤为门户"。北京四合院的大门即门户，是两扇门。《周易》的两扇门是由乾卦阳门、坤卦阴门组成，进入阴阳两扇门，便进入《周易》世界，研读其余卦。

《系辞传》曰："乾坤毁，则无以见《易》。"这是说，没有乾坤了，易就不存在，用当代的语言来说，把《易》的门户注册的"户口"撤销了，就没有易了。这说明乾坤二卦的重要性，乾坤门户代表了《周易》。

乾坤门户为什么能源远流长？为什么到了科技高度发展的今天，还有它的现实意义？为什么它还能演绎出当代的科学易、管理易、生活易等？因为乾坤在中国传统文化中具有丰富的象征意义。乾代表天、阳；坤代表地、阴。二者象征阴阳、天地、男女、父母、日月等对立统一的自然和社会现象，扩大到宇宙万物的起源和运行规律，除非天地、太阳系、宇宙变了，它才能不存在了。宇宙若不变，乾坤门户也不变。

上述乾坤门户里内含多种事物，下面逐项展示。

（二）乾坤天地

乾坤是天地。《系辞传》曰："法象莫大于天地。"这是说天地就是乾坤二卦最大的法象。《系辞传》开始便阐述乾坤二卦的意义。就卦而言是乾坤，就象而言是天地。乾为天，坤为地，宇宙有了天地，便有了万物。老子说："道生一，一生二，二生三，三生万物。"就是说原始是混沌一体，大爆炸分为二，即阴阳天地，由此生三、生万物。这"二"是乾坤代表着天和地的结合，由此结合是"三"，是宇宙万物的产生。

更广泛意义上，乾坤可以代表国家、江山、天下，象征着一种广阔的社会和政治秩序。笔者从新时代的视角解读《周易》，在著作《周易演义》及其姊妹篇《周易演义续集》里，以乾坤卦象征一个国家，乾为领空，坤为领土，从中找到乾卦第七爻"用九"的位置是太空，坤卦第七爻"用六"的位置是北极。

乾坤象征天地，在中华文化中得到了广泛的应用，融入建筑、艺术和日常生活中。例如,乾坤在股市技术分析中,也被视为一种高级工具和策略,用于探索市场动态和未来趋势。在更高层次里,则强调自强不息、厚德载物的中华民族崇高精神。

(三) 乾坤阴阳

《周易》是由阴爻和阳爻组合成六十四卦。因此,阴阳是《周易》先天性的基因,开创了阴阳论。阴阳是抽象的,看不见、摸不着,是哲理,但隐含在万事万物中。《系辞传》曰:"乾,阳物也;坤,阴物也。"这把乾定义为阳性,把坤定义为阴性,即本题乾坤阴阳,又称阴阳乾坤,具有丰富的寓意和象征意义。乾坤的阴阳属性贯穿于《周易》的整个体系,成为哲学易学的核心内容。阴阳理论基本原理和影响如下几个方面:

1. 乾坤阴阳对立与统一

乾坤属性阴阳,它们既是矛盾对立的又是统一的,共同构成了和谐的整体。例如:天地、动静、刚柔、雌雄、明暗等。可用乾坤阴阳来表示相互对立的两种事物或现象,也可以表示同一事物内部的对立统一的两面性,例如格言"失败是成功之母"。

2. 乾坤阴阳二者是主导与从属的关系

虽然乾坤在卦象上是完全对等并列的,但从《周易》的阐述来观察,乾卦为主导主体,坤卦为依附从属。《系辞传》开始便说"天尊地卑,乾坤定矣",乾天坤地,乾尊坤卑,体现了阳为主导、阴为辅助的自然观。乾阳象征阳刚、积极向上的力量,类似于男性、阳性、主动、创造性的特点;坤阴象征阴柔、包容、保守的力量,类似于女性、阴性、被动、接纳、容忍的特点。这两个概念不仅在《周易》中占有重要地位,也广泛影响中国的哲学、文学、艺术和日常生活,体现了《周易》遗留下来的男尊女卑观念。

3. 乾坤阴阳是互生、互存、互体的关系

《系辞传》曰："一阴一阳之谓道。"这一阴一阳二者是互生、互存的，缺一不可，没有阳便没有阴，反之亦然，"孤阴不生，孤阳不长"，而且二者互体，阴中有阳，阳中有阴。这体现在太极图里，其中阴阳互体相互包含，阴阳相互转换，不断转化和循环，如同宇宙的大自然。古老的阴阳理论，影响到现代。宇宙间有两种物质，看得见的物质为阳，看不见的物质为阴，如暗物质、黑洞等。

（四）乾坤阴阳父母

在《周易》文化中，乾象征父，坤象征母，乾为父，坤为母，在中华传统文化中占有重要地位，象征在宇宙观中人类生成和演化，体现了父亲和母亲在家中的地位和作用。

（五）乾坤阴阳动态平衡

上述已知阴阳是相互依存的，而二者应处动态平衡中，如太极图阴阳各占一半；又如《周易》共386爻（包含乾坤第七爻），其阴爻和阳爻各占一半。若阳爻象征男性，阴爻象征女性，则以第六次人口普查统计数据来看，我国男性多于女性，性别比例失衡，这就是一种阴阳失衡（详见本书第十七问答）。

（六）乾坤阴阳生与死

《周易》卦爻辞里没谈生死，仅在观卦的爻辞里出现三次"生"字。即《观·六三》曰"观我生，进退"，《观·九五》曰"观我生，君子无咎"，《观·上九》曰"观其生，君子无咎"。这些"生"是指民生、生活，并非指生死的"生"。在《易传》里提到生与死。《系辞传》曰："《易》与天地准，故能弥纶天地之道。仰以观于天文，俯以察于地理，是故知幽明之故。原始反终，故知生死之说。精气化物，游魂为变，是故知鬼神之情状。"其中"幽"是阴、终，是死亡；"明"是阳、是诞生。"原始反终，故知死生之说"，这是说原始是诞生，与生相反之意是终、死，故知死生之说。进一步说，什么是"死"？什么是"生"？孔子弟子对老师问死的时候，回答是"未知生，焉知死"。生都没弄清楚，怎么能知道死呢？言外之意，要知道人诞生时握紧拳头创造业绩是哭着来的，家里亲人却欢乐；死亡的时候双手伸开把创造的业绩留下，家里人却哭了。"游魂为变，是故知鬼神之情状"，这是指死后的"魂"是游动的，是随行善或作恶改变环境的，做恶事与鬼魂在一起，做善事与神相处。此情况即《系辞传》所谓的"天下何思何虑？天下同归而殊途，一致而百虑"。"殊途"是指人生走的道路不同，是行善或是作恶，但最终是同归死亡，与鬼神打交道。人生"何思何虑"要考虑这些问题，要"一致而百虑"地考虑"同归而殊途""鬼神之情状"。

上述是《易传》阐述生死。虽然《周易》本书没明文提出生死，却巧妙地隐含生死观。因为本文开始已经阐述乾坤二卦是阴阳两扇门，是《周易》的前门。既然有前门，必然有后门，那就是末二卦。既济卦的"既"是已经，"济"是过河，用小狐狸比喻人在既济过河到达彼岸归宿，但还有未济卦，尚未过河，还要到阴间去过河。善恶不是不报，时候未到，这"未"就是未济卦，此卦是善恶报应的因果律。末二卦是阴阳两扇门，是《周易》后门。人生从前门进来，从后门出去（详见本书第八问）。

总的来看，《周易》立乾坤二卦为门户，是前门、天地、阴阳、父母、生存、生死。并引来《周易》后门，生与死前呼后应，贯穿《周易》始终。

举例，俄国名著《安娜·卡列尼娜》开篇第一句话："幸福的家庭大都相似，不幸的家庭各有各的不幸。"这几乎概括了该书数十万字的内容，使该书浓缩成一张名片。

同理，《周易》开篇是乾坤二卦，这几乎概括了该书一系列内容，使该书浓缩成一张名片。

七十问：乾卦的卦爻辞应该怎么理解？

李希胜

答：元者，中和之气，挤而为仁，妙哉两瓣，汲天地阴阳之性理而蒙亨于心，静而夬天下之疑，贞一而终，以无心之心而成不用之用，为天下务。①

亨、利、贞，元之美好祈愿。所谓人有千算，天只一算，并非为照顾某一最佳方案，而是以乾视角度，尽可能兼顾周遭平衡。乾视，即下视，俯拾即是。

潜，阳初生也，宜藏器待时。处内卦之初。乾、艮同穴，内卦乾之初即艮之初，故当知止。知止而后有静，静而后能虑，所思所谋应当潜藏。君不密则失臣，臣不密则失身，几事不密则成害。且夫水之积也不厚，其负大舟也无力，风之积也不厚，其负大翼也无力。他日飞黄腾达日，止在今朝密藏时。

田，横竖是王，大贵。见，即现。乾纳甲，为震。志士仁人，初出茅庐，满心欢喜，前程似锦，故利。贵人觉其赤诚，亦现。

子终日乾，数往顺也。子月一阳生，至建巳终阳。乾、离同穴，离为

---

① 纪有奎《周易与人生》（团结出版社，2024）第16页注解。

日，故日即乾。乾夕，内卦之终也。志士仁人无求生以害人，有杀身以成仁。贞一而终。厉兵秣马，枕戈待旦，力尽崎岖，为天下式，常德不忒，有何咎哉？

或跃，欲行也，徘徊状。"进一步临机没回互，退一步声色如聋瞽"①，颇有"北阙现书寝不报，南山种田时不登"②之感。处其时，当思初出之所发心，既在其位，则谋其政，虽如临渊，有何咎焉？

飞，龙在天，以其青云得步故。骑龙挥霹雳，跨虎吐氤氲。衣紫腰黄，好不得意。然，"天之道利而不害"③，天既予你万里朝辉，自是让你饶益众生。巡三千大千，益一沙恒沙。

"峣峣者易折，皎皎者易污"④，等闲莫怨劳心早，上山终有下山时。自古功成名就者不乏有人，然功成身退者寥寥。任兰生曾引《左传》造退思园，取"进思尽忠，退思补过"之意，以其遭罢黜故。然，既知物极必反，亢极即衰，当每每心存悔意，以求人生圆满，莫待北风卷地才觉晚景凄凉。

既见花开，即见如来。"乘兴或登山，兴尽辄复归。"⑤大隐也好，小隐也罢，现于群而不显，和合与共。若识得此中滋味，或觅得无上清凉。若离障返本，或觉登彼岸。

---

① 语出释师范《偈颂七十六首》第三十六首。
② 语出王维《不遇咏》。
③ 语出《道德经》。
④ 语出《后汉书·黄琼传》。
⑤ 语出张九成《拟归田园》。

七十一问：坤卦卦爻辞对人生有什么警示？

李希胜

答：坤卦，为乾卦之旁通。坤和乾是一气阴阳之两象。五祖弘忍"何其自性，本自具足"与六祖慧能"本来无一物，何处染尘埃"之谈空说有，亦是一气之两象。大凡天下之理，合则两利，分则两伤，天气所化之日月星辰与地气所化之华岳江河本就和合。故坤以至诚之心为牝、为马，亨利从一而终之乾君。

攸，以长远计。汉《翼州从事张表碑》有"令德攸兮宣重光"之言，即此意。坤纳乙，为震，为动，子系地支之始，子有攸即动之初应有长远考量。

往者屈也，来者信也。尺蠖屈以求信，龙蛇蛰以存身。取信之道如斯，非屈无以取信。然坤、坎同穴，坎为不定、为多变，故过此以往，未之或知，必往先迷后，屈、信相感，方能屈而得主信以为利。

坤、巽同穴，居西南，巽为利，为朋贝，故西南得朋。然"金玉满堂，莫之能守"①，雷风相薄，得失相依，陶朱公三散家财，皆因财散人聚，取诸平衡，故安贞吉。

---

① 语出《道德经》。

履霜，待阳也，贵在谨乎微。"圣人常无心，以百姓心为心。"① 然慈悲扶济与姑息养奸只在一线。坤、坎同穴，坎为北，为水，为险恶卑下，犹如小人始微小而后盛大。若不戒之在初，则小人乖张之气日盛，恶小不去，是非忧患必有所资生。若能潜心观理，或可待他日得主之时扶摇直上。

圣人明于治乱之道，习于人事之终始②，坤、坎同穴，坎为水，水善利万物而不争，坤德直方大，不假积习之功而至天下利，四海澄清，故无不利。

坤旁通乾，为文，为章，以其不显，故为隐，为含。如花之含苞，如拳之蓄势。或从王事风云际会，皆因有度、进退得时，"居庙堂之高则忧其民，处江湖之远则忧其君，是进亦忧，退亦忧"③，值此，切不可居功，须知臣不有功，则主不疑，《道德经》"功成而弗居"于此处应景。

坤、巽同穴，巽为系，为拘，为括；坤，为囊，故为括囊。处君主之侧，微言易成著闻，故动不如静，不应恃才自夸，纵有财帛，亦不可私盈。因此退身避位，才是至理。

坤为土，其色黄，巽为丝，为绳，为裳。人心惟危，道心惟微，惟精惟一，允执厥中。坤居此，若能以厚德礼贤下士，则文明以中，不须操武，虽无为而无不为，可垂裳而治。以其从一而终，故元吉。

坤、坎同穴，坎为血，血凝则色玄。若杂之以黄，则其色渥，如残花败月，几近休矣。劝诫筮得此卦此爻之人，不可争讼，只可杜门。

观天之道，执天之行，精义太极，气质用神。坤道至柔，从一而终，以其知止，故顺而昌，利用贞。

---

① 语出《道德经》。
② 语出《管子》，原文是："圣人者，明于治乱之道，习于人事之终始也。"
③ 语出范仲淹《岳阳楼记》。

七十二问：易分象数义理，在这个问题中，如何区分？

李希胜

答：看得到的像，都算象和相。佛法说的人相我相众生相，皆是；能计算的都算数，天干地支和五行数术等都算；通达则为理。

象数理其实就像一个手的手心手背。其实还是手本身，只是从哪个角度看。握起拳头和伸开手掌，也只是手本身。合适的时候看看，合适的时候取用，体不变。

手本身成象。手中又可甲子五行八卦纳等于其上，手纹又可看个人生平变化，伸出手可以自利利他。往小里看，手中有微尘，有细胞；再往小里看，原子，质子，夸克；往大里看，自强不息，母爱，社会团结，都是手。象数理流转有情。就像五行，也不纯粹是金木水火土五种东西，掰开一节草木，可能有的流白色汁液，这也是金木一体，流通有情。中医的用药，也多借鉴于此。

坤卦"履霜，坚冰至"，霜和冰都是象。看到霜知道冰至是理，定数在其中。推之孩子教育，家国天下，大差不差。我个人习惯把《易经》的象数理看成是课稿，方便知易行易。就像孔子编修"十翼"，也可以理解为方便学习的课稿。上学老师总要做备课笔记嘛。笔记是门，打开了，里面是什么，自己体悟。诸子百家乃至战汉典籍里，曾引用了很多各种版本的《易经》原文。但孔子的"十翼"里并没出现，当时的通行版应该很多，比如现在彝族和水族还有道家，就依然有以坤或艮为首卦的版本。孔夫子当年编纂，也可能只是为了方便弟子们学习。

七十三问：为什么为人谦逊要引用谦卦？

答：《周易》卦的排序，大有卦之后，便是谦卦。大有是拥有物质财富，其深层次含有荣誉的精神财富。这两者是世俗人所追求的。但拥有了这两者或两者之一，不应傲慢，应该谦逊，于是接下来是谦卦。

谦卦的卦辞："谦，亨，君子有终。"

《谦·彖传》说："谦，亨。天道下济而光明，地道卑而上行。天道亏盈而益谦，地道变盈而流谦，鬼神害盈而福谦，人道恶盈而好谦。谦，尊而光，卑而不可逾，君子之终也。"

这是《彖传》对谦卦卦辞惊人的注解，很宏伟，提出天道谦、地道谦、人道谦，甚至提出鬼神之谦。

易学家高亨在《周易大全今注》中解释"天道下济而光明，天道亏盈而益谦"说："天道下行以成万物，如日光下射以暖万物，雷下震以动万物，风下行以吹万物，雨下降以润万物也。光明指日月，天道下济是天道之谦，天道光明是天道之亨。此句以天道说明谦则亨之理。"

"地道卑而上行"，这意思是大地谦逊，却把拥有的属阴的地气上行（升）到天空与阳气结合。"地道变盈而流谦"是说如同坤卦"厚德载物"，是忍辱负重是谦逊（流谦）。

"鬼神害盈而福谦"，"害盈"是不应"大有"而自傲（盈），这样才能"福谦"。

"人道恶盈而好谦"，意思是为人不要自高自大（恶盈），应该效法天道、地道的大自然的谦虚无私的美德而好谦。

以上就是高亨先生对谦卦象辞中的天道、地道、人道的解释。

再看谦卦的简略的爻辞如下：

初六：谦谦（谦而又谦）。

六二：鸣谦（有名望而又谦虚）。

九三：劳谦（有功劳而又谦虚）。

六四：扐谦（扐是发挥，发挥谦虚的美德）。

六五：不富以其邻，利用侵伐，无不利（因邻国来侵犯使我不富，不应谦，而应去征伐）。

上六：鸣谦，利用行师征邑国（又一次鸣谦，名声远扬而谦虚，应名正言顺去征服叛乱的小国）。

《周易》六十四卦唯谦卦六爻皆吉祥，彰显"谦"是中华民族崇高的美德。"谦"在各个阶段有哪些状态？从爻辞的描述中得知其经过是，谦而又谦的"谦谦"、名声远扬而又谦虚的"鸣谦"、有功劳而又谦虚的"劳谦"、发挥谦虚美德的"扐谦"。在谦德具备的六五爻和上六爻时，谦虚不等于软弱，受到伤害，应出征讨伐敌方。

《周易》充满忧患意识，教人趋吉避凶，"大有"之后若不"谦"必遭后患。"谦"最形象简练的比喻是《谦·大象传》"地中有山，谦"。这是说山高大却在地下不显而已。谦由下艮上坤组成：艮为山，坤为地，即山在地下。令人学习。

七十四问：《周易》怎样教导守诚信？

答：诚信是中华民族优秀传统美德，"民无信不立"，处世待人要有诚信。虽然《周易》卦爻辞没有"诚信"二字，却强调"孚"字，《新华字典》解释"孚"字是"信用"。换句话说"孚"即"诚信"。下面举《周易》中诚信的例子。

例如《周易》的中孚卦就是讲诚信之道，如《杂卦传》曰："中孚，信也。"

中孚卦辞："中孚：豚鱼，吉。利涉大川，利贞。"

卦辞说，中孚象征内心诚实，不用大牲畜祭祀，即使用小猪小鱼当祭品祭祀，也能得到神祖保佑，吉祥。利涉大江大河，坚持走正道。

中孚《象传》："中孚，柔在内而刚得中，说而巽，孚乃化邦也。豚鱼，吉，信乃豚鱼也。利涉大川，乘木舟虚也。中孚利贞，乃应乎天也。"

《象传》说中孚卦的六三爻是阴爻，六四爻也是阴爻，二者居中。它们上面是九五阳爻，下面是九二阳爻，这两个阳爻是在上下卦的中位。此布局是阴柔在内，而阳刚居中守正道。中孚卦是由下兑上巽组成。《说卦传》说，兑悦，巽顺。由卦象看居下者和悦，居上者谦逊，这象征群众和领导的关系是诚实。用小猪小鱼当祭品做祭祀，也吉祥。"木舟"指该卦下兑为泽，上巽为木，泽的上面有木，有舟船之象。有了舟船，有利于涉大川。诚信有利于坚守正道，效法上天之道。

中孚《大象传》曰："泽上有风，中孚。君子以议狱缓死。"中孚卦由下兑上巽组成，卦象是泽的上面有巽风吹拂，象征内心舒展诚实。君子以诚信之心审议狱讼，宽缓对死刑的判决。

上述是中孚卦的卦象象辞围绕诚信的释义。下面再举其爻辞有关诚信的展现。

《中孚·九二》："鸣鹤在阴，其子和之，我有好爵，吾与尔靡之。"

爻辞说，大鹤在树荫下鸣叫，小鹤听到便应和，我的酒杯里盛满美酒，愿与你一起分享。这是互相发自内心的关怀和信赖。引申至群众中，在信任与被信任之间，便会构筑十分和谐良好的关系，彼此诚信相待，同声呼应，可谓相感相居。

《中孚·九二·小象传》："其子和之，中心愿也。"

《小象传》说，大鹤鸣叫，小鹤应答，都发自内心的诚意。

《中孚·九五》："有孚挛如，无咎。"

爻辞说，心存诚信待人，可以结成良好伴侣，避免咎祸。

《中孚·九五·小象传》："有孚挛如，位正当也。"

《小象传》说，身居九五之尊位，心存诚信待人。

在《周易》卦爻辞中"孚"字出现多处，据统计有 57 处，由此可见《周易》如此重视诚信，再举其他卦爻辞如下。

需卦卦辞："需，有孚，光亨，贞吉，利涉大川。"

卦辞说，心怀诚信，坚持正道就亨通，吉祥，有利于涉大江大河。

《需·大象传》："云上于天，需。君子以饮食宴乐。"

《大象传》说，需卦由下乾上坎组成卦象。乾为天，坎为水，即天上有雨水，需要等待天旱下雨，君子摆酒食宴，诚恳求雨。

《比·初六》："有孚比之，无咎。有孚盈缶，终来有它，吉。"

爻辞说，心怀诚信，处世为人，没有灾害。有诚信就像满缸美酒，总会有人来与你共享，吉祥。

《比·初六·小象传》："比之初六，有它，吉也。"

《小象传》说，比卦的初六爻，总会有他人来相处共享，吉祥。

《小畜·六四》："有孚，血去惕出，无咎。"

爻辞说，心怀诚信，可得到他人的帮助，免除忧患。

《小畜·六四·小象传》："有孚惕出，上合志也。"

《小象传》说，都心怀诚信求雨，忧患将过去，大家的志愿一致。

《小畜·九五》："有孚，挛如，富以其邻。"

爻辞说，心怀诚信，密切合作，把邻里都动员起来，共同走向富裕之路。

《小畜·九五·小象传》："有孚，挛如，不独富也。"

《小象传》说，心怀诚意，密切合作，获得的财富，不是自己独有。

《大有·六五》："厥孚交如，威如，吉。"

爻辞说，强调以诚信之心与上下交往，充满威严，吉祥。

《大有·六五·小象传》："厥孚交如，信以发志也。"

《小象传》说，以诚信之心与上下交往，是用诚信来表明自己的志向。

《随·九四》："随有获，贞吉。有孚在道，以明，何咎。"

爻辞说，心存诚信，光明磊落，坚持走正道，便没有任何过错。

《随·九四·小象传》："随有获，其义凶也。有孚在道，明功也。"

《小象传》说，随从别人而有所获，这含有凶险之意。若心怀诚信，坚持走正道，便没有咎祸。

坎卦卦辞："坎，有孚，维心，亨，行有尚。"

卦辞说，处于坎陷时，心存诚信，要用心思考，要采取行动，如此才能脱险，才能亨通。

《坎·大象传》："水洊（jiàn，再次）至，习坎。君子以常德行，习教事。"

坎卦《大象传》说，坎卦由下坎上坎构成，坎为水，层层水很深，含义重重险陷。君子要修养诚信的德行，要学习名人教导（如此才能在深水中脱险）。

《丰·六二》："丰其蔀，日中见斗，往得疑疾，有孚发若，吉。"

爻辞说，太阳犹如被席棚遮挡，不见阳光。中午能见到北斗星，这是发生日蚀，不祥之兆，人们怀疑灾难来临，此时（纣王）佯装慈善诚信来祭祀，为取信于民、安稳民心，使人们觉得仍吉祥。

《丰·六二·小象传》："有孚发若，信以发志也。"

《小象传》说，（纣王）佯装诚信，让平民相信他仍能继续统治社会。

《兑·九二》："孚兑，吉，悔亡。"

爻辞说，诚信喜悦（兑）对待人，吉祥，没有悔恨。

《兑·九二·小象传》:"孚兑之吉,信志也。"

《小象传》说,诚信喜悦对待人,获得吉祥,彰显其志向被肯定。

《兑·九五》:"孚于剥,有厉。"

爻辞说,信任失去诚信的人,有后患。

《兑·九五·小象传》:"孚于剥,位正当也。"

《小象传》说,信任失去诚信的人,是不应该发生的,因为自己是处在九五之尊的位置。

七十五问：易学如何解释"斋"字？

答：除解释为书房或校舍外，目前比较公认的对"斋"字的解读，是东汉许慎的《说文解字》，里面是这么说的："斋，戒洁也。"这"戒洁"二字，不是把清洁除掉，此二字是并列，是戒污、清洁。

再据宋刊本《周易》载，韩康伯在注解《系辞上》"圣人以此斋戒"时，说："洗心曰斋，防患曰戒。"这比许慎讲的又深入扩展些。

《新华字典》解释："斋戒：祭祀前整洁身心以示虔诚；佛教、道教等教徒吃的素食叫吃斋。"天主教的斋戒日规定"小斋"只吃素食，"大斋"不仅不吃荤，吃饭的量还受限。这些都是合法的宗教内部的规定，受到尊重。

但"斋戒"在《易传》里还有另外的解读。《系辞上》说"圣人以此斋戒，以神明其德夫"，意思是圣人以《周易》来斋戒身心，使易德获得神奇的彰显。易学者殷旵等著的《易经的智慧：传部》中说："以此斋戒"，"这里不是讲吃荤、吃素的问题了，是指按规律来办事。'以神明其德夫'，就是以那个境界来明白德行，明白体用。戒除什么？戒除那些妄想，那些不良的习气。"《系辞上》又说："六爻之义，易以贡，圣人以此洗心。"意思是说，圣人通过解读卦六爻的方法来洗涤其心，即读《周易》能洁净心灵。

七十六问：你知道《周易》的"帝乙归妹"有何影响吗？

答：婚姻的种类很多，在帝王统治时期，为了边疆不被干扰、侵犯，采用和婚的策略与睦邻友好方针，来换取本域的安全，从《周易》记载的"帝乙归妹"开始，影响到之后多个朝代。以下所论，也是对本书第五十一问中"帝乙归妹"的补充。

（一）帝乙归妹

泰卦六五爻辞："帝乙归妹，以祉元吉。"

古代"归"为嫁，"妹"指少女。"归妹"指嫁女。"帝乙归妹"是说商纣王的父亲帝乙，把自己的小女儿嫁给周文王（姬昌）。那时周是西部地区最强大的诸侯国，是商下属的一个邦国，为了维护商朝稳定，用"帝乙归妹"的和亲策略达到友好往来，即"以祉元吉"，祈求大吉利。"祉"是求、祈求。用和婚的方式祈求保持"泰"的国泰民安局势。所以《周易》作者在泰卦提出"帝乙归妹"。殷商时期最后三位君王是：文丁、帝乙、帝辛（纣王的王号）。在殷商时期，周族几代人都是大将，为殷商立下了汗马功劳。所以姬昌（文王）之父季历获得了封赏，被封为伯侯，封地就在岐山。这位季历伯侯从文丁时期就兴盛起来,商王文丁怕他壮大,捕杀了他,商周关系因此恶化。姬昌继位后,准备为父报仇,帝乙为了避免姬昌来犯,也为了修好商周间紧张微妙的关系,采用和亲的办法来缓和商周矛盾,稳定全局,希望唇齿相依的商周两大集团之间不记前仇,亲善相处,双方重归于好。(注:称呼周文王,是他儿子周武王推翻商纣王,建立西周时追封的。)

从此以后,"帝乙归妹"这种和婚方式,几乎影响到历朝历代,是统治者实行的对外友好的重要策略之一。以下所记昭君出塞和文成公主的事例,也是《周易》"帝乙归妹"传统的延续。

(二) 昭君出塞

公元前54年生于平民之家,拥有绝世才貌的王昭君,是中国古代四大美女之一,被选入汉元帝的后宫(时公元前38年)。由于王昭君没给画师毛延寿贿赂,被画成丑女。汉元帝看画后没赐宠,使得昭君多年得不到皇帝临幸,心生悲怨。当汉朝的属国南匈奴首领呼韩邪单于来汉朝皇宫求婚时,汉元帝将宫女王昭君赐给单于,单于表示了永保塞上边境平安的决心(公元前33年)。昭君临行时,汉元帝目睹昭君貌美出众,虽十分后悔,但相见已晚,否则定然留在身边。昭君出塞,在路途中暗含泪水,到达匈奴后,与单于共同生活了三年,生下一子。公元前31年,单于去世。昭君思乡心切,向汉廷上书求归,汉成帝敕令"从胡俗",即遵从游牧民族风俗。于是昭君又嫁给单于长子,两人共同生活十一年,育有二女。公元前20年,此长子去世,之后不到两年昭君因忧虑和乡愁离开人世,享年不到40岁。她的一生充满传奇。一位平民女子,因和婚出塞,为汉匈两民族和睦与经济文化交流而牺牲自己,被后人广泛传颂。她的生平经历被历史铭记,成为中国古代对外和亲团结的重要篇章,也是"帝乙归妹"的后续。

(三) 文成公主

文成公主(公元625—680年),名李雪雁,是唐太宗李世民宗室之女。因和婚,被加封为文成公主。她聪慧美丽,自幼受家庭熏陶,知书达礼,信奉佛教。

松赞干布是藏族历史上的英雄,他统一藏区,建立了吐蕃王朝。唐贞观十五年(公元641年),他派人到长安,献金数千两和珍玩数百件,向唐朝皇帝"请婚",唐太宗许嫁宗女文成公主。那时文成公主16岁,松赞干布25岁。和婚是唐太宗睦邻友好、安外保内的策略。唐太宗说,一桩婚姻就相当于十万雄兵。

陪送文成公主的人员携带嫁妆(有各种物品和中原先进文化的书籍以及先进的生产技术),历经千山万水前往吐蕃,到达拉萨后,松赞干布为文成公主加冕,两人共同生活九年。松赞干布34岁英年早逝,文成公主继续勤奋地工作,由于信奉佛教,她参与设计和协助修建了著名的大昭寺和小昭寺,并推动了藏族农业生产方式的改进和经济的发展与繁荣。由于联姻,藏汉间的紧张关系得到了改善。她热爱藏胞,关心百姓的疾苦,致力于改善民生,深受藏族百姓的爱戴。在吐蕃生活近四十年,一生无子女,于公元680年逝世。吐蕃王朝为她举行隆重葬礼,唐朝还派官员前往吊祭。这一和婚成了汉藏两族友好的纽带。文成公主把青春和一生献给了藏族人民,谱写了汉藏两族友好交往的壮丽史诗。

在历史的长河里,每个人都能在《周易》多元化的人生阐述里找见自己的身影。汉朝的王昭君和汉元帝,能在"帝乙归妹"里看见自己的身影。唐朝的文成公主和唐太宗李世民，也能在"帝乙归妹"里找到自己的身影。虽然时空不同，斗转星移，但这些人换个时间、换个名字、换个地点把历史重演一遍，历史是如此惊人的相似，无疑增加了《周易》的魅力，体现了《周易》的影响力和价值观。

七十七问：为什么《周易》特意提出数字"七"？有何影响？

答：八卦的每一卦是三爻，称为经卦；每两个经卦叠加成六爻，称为重卦（别卦），便是《周易》六十四卦。唯独最重要的乾坤首二卦除六爻之外，另有"用九""用六"这第七爻辞。特意加入"七"，有多层含义，富有推演性，影响到后代多个领域。震卦六二爻辞曰："震来厉，亿丧贝，跻于九陵，勿逐，七日得。"既济卦六二爻辞曰："妇丧其茀，勿逐，七日得。"这两个卦都提出丢失的物品，不用去追逐寻找，七日可得到。复卦卦辞曰："反复其道，七日来复。"七日一来复，这是周期规律，推演到后代的"七日节律"，这是三千年前《周易》创立的，是《周易》引领、预测的准确性。

以后出现的"七日节律"追溯到两千五百年前的《黄帝内经》，其主要内容大多都是在讲地球运行规律和人体生命规律及两者对应关系，其描述人体生理、病理的昼夜节律与"七日节律"有关。之后张仲景的《伤寒论》说："太阳病，头痛自七日以上而自愈者，以行其经尽故也。"即外感风寒，即使不治，一般七日可以自行痊愈。若七日不愈，病情就会延至七日的倍数（十四日、二十一日……）。详见本书第五十五问答。

"七日节律"与天人感应有关。例如月球与地球的运行，把一个月分成四份，即黑月、满月、上弦月、下弦月，一份正好是七日左右，即四个"七日节律"。满月出现在地球近地点，对地球的引力增大，吸引海水出现明显的潮汐，同时人体激素也会增高。"七日节律"体现在多个领域，举例如下：

（一）"七日节律"体现在宗教和历法中

例如基督教中《创世纪》讲述上帝用六天造世界，第七天休息（安息日），影响世界各国都以一个星期即一周为七天。这七天在《圣经》的《旧约》《新约》都有记载。但《新约》距今两千年，《旧约》距今两千五百年，而《周易》距今三千年。这彰显了《周易》推演的准确性。其推演将有"七"的文化诞生。后来出现七曜历法，即日、月、火、水、木、金、土这七个星合称为"七曜"，古代又称"七政"。顺序是：周日是日曜日，周一月曜日，周二火曜日，周三水曜日，周四木曜日，周五金曜日，周六土曜日（周末，即次日周日便是休息）。中国、韩国、日本都曾用"七曜"的历法。《皇帝内经》出现"七曜周旋"。但也有传说这是起源于公元前若干世纪的古巴比伦历法七日一周，由七位神轮流值班这七日，每日由神的名字命名。据说唐代传入中国。即使是唐代，距今才一千多年，而《周易》是三千年。

（二）《周易》特意提出的"七"形成文化

"七"字具有神秘色彩，前有七星、七曜、七日一周，人有七情（七情六欲），色彩有"七彩"，音乐有"七音"，诗歌有七言、七绝、七律诗，农历七月七日是牛郎织女"鹊桥相会"，成语有"七上八下"，等等。

(三)"七日节律"是一种生物节律

例如：女性例假即月经是一个月一次即四个"七"天、四周（排卵在第十四天，即二周末）；鸡蛋孵化周期是三周；猫与狗怀孕周期是九周；老虎怀孕周期是十五周；人怀孕周期是四十周。

在上述提到的《伤寒论》说太阳病愈或继续发作时按"七日节律"运行，这在近代也得到科学验证和应用。例如外科手术后拆线的最佳周期是术后七日；器官移植排异现象，常出现在术后七日或七日的倍数；一般疾病首次急性发作，若七日不愈，便转化为慢性，如感冒、咳嗽等。现代科学证实人体生理、病理的时间节律为七日。

结论：《周易》乾坤二卦特意加入第"七"爻，预测到"七"的文化；震、既济二卦都提醒丢了物品"勿逐，七日得"，对应了"七日节律"。这让人感叹《周易》推演之准确，好像《周易》就在我们的生活中。所以《易传》说《周易》"百姓日用而不知"。《周易》这个群经之首，不仅仅博大精深，其伟大还在于，三千年之后还能指导我们今天的处世为人，还在我们的日常生活中。

以上是本书的第七十七问答。如此安排，也是有意让《周易》"七上"（八下）。

附录
我是怎样迷恋国学《周易》的[①]

纪有奎

国学《周易》是中华传统文化，不仅在中华大地有影响力，而且被译成多国文字，传播到世界。我的人生轨道与此有关联。

《周易》即《易经》，通常二者不严格区分，作者和年代是："人更三圣，世历三古。"即上古伏羲，中古文王，近古孔子，历经三千多年。《周易》是中国也是世界写作时间最长的书，是炎黄祖先、中华古人集体智慧的结晶。《周易》是中国古代几乎包罗万象的百科全书，阐述宇宙事物发生、发展及其变化的规律，以及人们如何去应对，充满哲理和智慧，被列为群经之首、大道之源，是中华文化的源头。从汉代开始被列为科举考试重要科目。中国古代有不知《易》不可为将相之说。日本在明治维新组阁规定，不知《易》者，不得入阁。17世纪以来，被译成拉丁文、英德法文等，传遍世界，受到好评，获得赞誉。

我从幼年开始与《周易》结缘，至今已近八十年。幼年是在山东蓬莱

[①] 原文发表于2019年8月《北京文学》。

故乡开始学习《周易》。

一

　　山东蓬莱仙岛是当代旅游胜地。有海水拍岸的蓬莱阁，有八仙过海的传说，有蓬莱阁半岛上的亭台楼阁和古迹，登高远望水天一色，有海市蜃楼涌现时观景地，有戚继光保家卫国操练海军的场所。这一切吸引当代国内外的游客。但在20世纪30年代游客极少，是一座待开发的水城处女半岛。那时期我出生在这附近一个贫困的纪家村，十多年以后解放区划分家庭成分时，我方知那时村里除了个别富农外，其余都是贫农。那时农村领导，为穷苦男孩子能识字学点文化，聘请外村一位姓宋的、年近五十岁、身材魁梧的男老师。学校只有一位老师，也只有一个教室，容纳一至四年级的男生。在教室里按年级划分区域。老师的数学水平会加减乘除四则运算，但语文具有深厚的底蕴，尤其古文。老师给一个年级讲课时，其他三个年级的学生要坐在原位安静自习。我自幼好学，在一年级时，我也专心听老师分别给其他三个年级讲的课。我虽无书，但认真记笔记。当我读完一年级时，已基本学完四年级的课程。我好学的情景，老师看在眼里，期末让我参加四年级的考试，可能要测试我"偷听"的效果。成绩百分制，有个别不及格，我却获得平均73分。老师当场宣布成绩，学生回家可能对家长传递这消息，几乎全村都知道了，我被称为"神童"。因此，我母亲在村里受到尊重，母以子贵。我父亲更惊讶，好像哥伦布发现了新大陆，愿意教我《周易》。我父亲酷爱中医，桌上常摆放三本书，《伤寒论》《黄帝内经》和《周易》。我父亲说"医"源于"易"，唐朝名医孙思邈说："不知《易》，不足以言太医。"中国最神秘的文化莫过于《周易》和中医，一个代表中国宇宙哲学体系，一个代表中国人体科学体系。平时我翻这三本书，只对《周易》书里的阴阳符号的排列好奇，在这些符号旁边还有许多文字我不认识。我多次让父亲教我读《周易》，每次都被父亲拒绝，父亲说："教你，你也不懂。"当我成为"神童"时，父亲才动心肯教我，可能想"孺子可教也"，想培养我走仕途，光宗耀祖，不在农村田地里面朝黄土背朝天。我们那里田地大都是山坡乱石贫地，常年生产的粮食还不够糊口。我家南门外左右各有一棵参天的白杨树，风水先生说这是两根旗杆，我家将来出名人。父亲可能信以为真，才下决心教我《周易》。父亲伸出粗糙的老手在纸上画"—"，说是男人的生殖器，指指我的裤裆，名叫阳爻（爻读摇）；又画"--"说当中开口是女人的生殖器，叫阴爻。他用三个"—"叠加成"☰"叫乾卦，是三个阳爻，纯阳；又用三个"--"叠加成"☷"叫坤卦，是三个阴爻，纯阴。然后用"—"和"--"混合搭成不同的三个爻的排列，又画出六个卦，加上乾坤二卦，共画出八个卦，即八卦。每卦都有名称和多个含义。例如乾卦为父，坤卦为母，父母生了三个男孩和三个女孩，这一家八口人都可在八卦里表示；父亲说八卦可以象征自然界的天、地、风、雷、水、火、山、泽八种景物；又说八卦可以象征东、南、西、北以及它们之间的方位，共八个方向；八卦还可表示春、夏、秋、冬以及它们之间的季节，共八个重要季节，等等。八卦中每一卦是三个爻组成，叫单卦、经卦。若表达更多的事物，需要两个单卦叠加成六个爻叫重卦、别卦。如此八卦可以叠加成六十四个重卦，这是《周易》的核心内容。每个重卦都有卦名、卦辞，每一爻都有位置、爻名、爻辞。例如，两个单卦的乾卦，叠加成重卦的"乾卦"，卦辞"元亨利贞"。乾卦每一爻从下往上排列成六爻，每爻都有爻辞：潜龙、见龙、飞龙、亢龙等。父亲讲乾卦用龙表示奋发图强时，特别兴奋，可能隐含他对我的期待，"望子成龙"，才教我《周易》。父亲说孔子解释乾卦卦辞"元亨利贞"是"天行健，君子以自强不息"。每讲一卦，都让我会背诵时才讲下一卦，我当天就会背诵。父亲把古字词用拼音标出，很少问我懂不懂，我似懂非懂，囫囵吞枣不消化。开始时很勤奋感兴趣，有些内容不懂装懂，因为是我要求学的。逐渐越学越枯燥，没有兴趣再学下去，便对父亲说不想再学了。未曾料到，父亲怒气冲天，我挨了一顿痛打。父亲说："是你要学的，半途而废，没出息，不学不成。"那时农村没有电灯，我挨打后，父亲又在煤油灯下教我《周易》。窗外的雨水湿透窗纸，风吹进来把煤油灯火吹得左右摇摆，就像我的思绪，那雨点顺窗纸往下流，就像我的泪水往肚里咽。幸而有一次我在教室里不听老师讲课，实际我都会了，是"陪读"，偷看《周易》。这一次因一位学生不守规矩老师正发脾气，我又不听讲，老师急匆匆走到我桌子旁边，面带怒气，伸手抢去我的《周易》书，先看看书皮，又翻翻书，圆圆的胖脸展现惊奇的微笑，就像农村上空乌云密布中突然透出一缕阳光。老师说下课找他，并把我的书带走了。我首次去老师房间，外屋有农村的锅灶，但不做饭，由村长轮流指派学生家长给老师送饭。里屋一座泥砖砌的大炕，冬天烧柴取暖。老师孤身一人在此，节假日才回家。里屋中央摆放一张大木桌，桌上堆放煤油灯、暖水瓶、毛笔、墨盒、书等。我笔直站在老师面前，老师问我能看懂《周易》吗？我说不太懂，但我能背诵。老师说《周易》将近五千字，你能全背诵吗？我说能。当我流利地背诵完，老师激动地把桌上一碗水碰倒，我急忙去擦桌子。老师问我谁教的，我说父亲。老师让我回家把父亲叫来取书。父亲去取书后，回来对我说："你遇见伯乐了。"我问伯乐是谁，父亲讲了伯乐的故事。父亲说老师想培养我成才，在业余时间继续给我讲《周易》、深造。老师的确是老师，有教学经验，用通俗的语言，用比喻形象地讲解《周易》，不是照顺序讲，是挑重点帮我复习，使我囫囵吞到肚子里的《周易》得到消化。老师使我进一步了解讼卦是有关打官司，劝人和解。谦卦是讲为人要谦虚谨慎，不要以为自己是"神童"就飘飘然。坎卦是讲人生遇到困难时，要设法渡过难关。升卦是讲个人努力，一步步前进，不要急于求成，要和无妄卦联系，不要妄想一步登天。井卦是讲要及时清理井里淤泥，使人喝上干净水，那时村里家家都吃井水，要饮水不忘挖井人，要感恩。我对老师说，将来要报答您。蒙卦是讲启蒙教育孩子的方法，初六爻辞"发蒙，利用刑人，用说桎梏"，老师解读说"发蒙"是对孩子启发式的教育，"刑人"是校规，"说"是"脱"。如此解释说，启蒙教育，利用校规，要解脱枷锁体罚。但是我父亲解读与老师相反，父亲直译是："启蒙教育，要用刑罚，甚至用枷锁体罚。"言外之意，我若不学，可以打我，打我有理有据，《周易》说的。可见《周易》有多种解读。父亲和老师通过《周易》使我获得与我年龄不相称的人生知识，我成了"小大人"，早熟。

老师约在傍晚或夜晚教我。有一次在伸手不见五指的漆黑夜晚，我一手提灯笼，一手拿《周易》书，好像是双手照亮我走在袖子般狭窄的小胡同泥泞之路。回来时突然下雨，把灯笼熄灭。我怕弄脏心爱的布鞋，脱掉鞋，用鞋包着《周易》书，藏在怀里。不慎，碎石刺破我的脚，直流血，回到家母亲用手抓一把锅灶里的柴灰，塞在我脚上长条很深的伤口，用毛巾包着。我躺在家里不能上学了。老师得知，特意来看我，罕见，成为村里的新闻。老师在我家给我讲否卦和泰卦。他说八卦里的乾卦单卦在上，坤卦单卦在下，构成乾上、坤下的重卦为否卦。因为乾属阳，阳气上升；坤属阴，阴气下降。两者向反方向行进，背道而驰，不能吻合，称为"否"。"否"是不和谐、黑暗时期。老师用两个拳头叠加成一上一下，上面拳头上升，下面拳头下降，两拳拉开距离，分道扬镳，不合为"否"。

老师接着说，若把两者颠倒过来是泰卦。因为颠倒过来是坤上、乾下。坤为阴，阴气下降；乾为阳，阳气上升。两者相向而行，相遇而合为"泰"，泰是平安、安定、和顺。老师低声说，农村民不聊生，处于"否"卦。我问，什么时候能处于"泰"卦？老师似答非答地说："否尽泰来。"

为了报答老师对我的教导，轮到我家给老师送饭时，副食是自产的萝卜、大白菜外，还增添一盘咸鱼，主食是白面馒头或烙饼。这是我们过年时才能吃到的。那时期，贫困的村民穿衣带补丁，有位同学破衣服上的补丁有多种颜色，同学叫他绰号"万国旗"。农民种田还难以糊口，受饥饿困扰，便去闯关东（东北三省），已成民俗。我二哥已去关东，当我们吃野菜树叶也填不饱肚子时，父亲决定带领我母亲、我和我妹妹，背井离乡去闯关东，投奔我二哥。临行时父母带些简单的衣物，我年幼8岁，父亲让我背着小件衣服和他那心爱的三本书。

二

从山东烟台乘船，途中我问父亲，坐在船里，这是什么卦？父亲说《周易》六十四卦末二卦是既济卦和未济卦，现在是既济卦，是渡水到达对岸的大连。上了岸还要北上，我想北上那是未济卦，"未济"是还要过河，更艰难。

到达新京（现在的长春）见到我二哥。他在当地打工混饭吃，穿着工作服，年轻的脸上，十分憔悴。全家人见面，欲语泪先流。父亲也加入打工行列。那时东北三省是日本统治下的伪满洲国，黑暗社会，如同丰卦曰："丰其蔀，日中见斗，往得疑疾。"这是说："太阳犹如被席棚遮挡不见阳光，黑暗，中午如同午夜能看见北斗星，人们疑心是疾苦来临。"在当地遇见一些逃难过来的山东省老乡，大都民不聊生，处于"否"卦。我二哥白日打工，夜晚怕在家里被当局闯入"抓劳工"去北大荒，便睡在草棚里。

我们的邻居是一家私书学堂，长胡须的老者教学又卖杂货，外屋出售扫帚、碗、筷子等杂货，里屋是教室，摆放几条长桌子和长凳子，最多容纳十个学生跟他学《百家姓》《三字经》。我是少年打工不收，父亲劳累，无力再教我书本知识，便送我去这学堂。当我能熟练地背诵老者教我的这两本书时，我请求老者教我《周易》，继续深造。老者问我学过《周易》吗，我说学过《周易》，但有些卦不太懂，并把学习经过汇报，又逞能显摆地背诵《周易》。老者听后，捋着胡须惊奇地问我，为什么在家不学别的书，而学《周易》？我说我家里除医学书外，只有《周易》书，就像这里只有《百家姓》《三字经》两本书。老者说："《周易》是大人学的，你都会背诵了。"老者劝我学《论语》或者《道德经》，我同意。

我回家对父亲说此事，父亲不同意，说我不要贪多，也没那么多钱交学费。让我在家复习《周易》，有不明白的请老者再讲讲，给点学费。我把父亲的意图转达给老者，老者因我聪明好学，同意了。他上午教别人那两本书，下午休息，让我带着问题午睡后随时来学堂。我经常去请教，很有收获，可能因我年龄逐渐增加，理解力也增强，经历也广泛。经老者解答，了解屯卦主题是"求婚媾"，是男方求婚。"女子贞不字，十年乃字。"是说女子不嫁，十年再嫁的真实含义。又如解答归妹卦说，"归妹"是少女出嫁（古时称少女为"妹"），卦中"帝乙归妹"的"帝乙"是商朝一位帝王，是商纣王之父，为了不受崛起的周文王侵扰，用和婚策略，把女儿嫁给周文王作妾。还讲了其他卦的一些历史故事，丰富了我的知识。我给老者学费，他不收，认为我诚实可靠，他在里屋讲课时，让我在外屋等候来客替他卖杂货，直到我父亲病倒卧床而止。我在家里干些杂活，帮助母亲伺候病倒的父亲。因他劳累成疾，终于病故在异乡。我把《伤寒论》《黄帝内经》放在伴他长眠的棺材里，留下《周易》，这是他唯一的遗产。

为了生活，母亲买手摇木轮纺棉花器具，我拿押金到棉花店领取棉花，母亲在家终日把棉花纺织成粗线，粗线缠绕成中间大两头小棒槌形线轴，我去交给老板领取工钱。称重量有规定的损耗，有时超过规定还赔钱。母亲纺棉花一天，花絮落满全身，如同"雪人"，到屋外我用扫帚扫掉。是岁月还是棉絮把母亲乌发染成白发？身处艰苦岁月，如同困卦六三爻辞"困于石，据于蒺藜"，该爻辞说困在乱石中，周围是带刺的蒺藜。

1945年8月15日，喜讯传来，日本战败投降了。国民党占领长春市。后因共产党解放军欲攻打解放长春，先在长春外围部署围困，因此长春城内粮食短缺，国民党部队搜刮粮食，甚至把军队里的马宰杀吃肉。人们饥饿难忍，用一个金戒指换两个馒头吃。周围环境如同困卦所说："困于石，据于蒺藜。"

百姓因饥饿纷纷外逃，投奔亲友。因我大哥在北平（现称北京），母亲决定带全家逃难到北平投奔我大哥。路途遥远，前途迷茫，主动走坎卦，该卦曰："坎有险，求小得。"意思是，坎坷的行程有危险，不求大得，只求小得活下去。临行前，各自整理自己带的随身衣服，没有箱子，用包袱包裹，母亲说《周易》书沉重，不让我带，我偷着把《周易》及其多年的笔记藏在我的包袱里，我背着。我已15岁，能背"包袱"了。

历经千山万水、千辛万苦到达北平。在路途中，逃出长春便是解放区。但路过沈阳、锦州等大城市，又是国民党占领区。因此交通工具不贯通，断断续续，火车、马车、步行交替进行，露宿荒野、路旁、寺庙、教堂。因逃难者已成群结队，路过关卡简单询问便通过。从沈阳到锦州途中遇到辽河，必须涉水通过。岸边有当地熟悉水性的引导者，收费，帮扶渡河。我家四口人也同其他难民一样，脱掉衣服和鞋，放在包袱里，只穿短裤，把包袱放在头顶上。我一手扶包袱，另一只手牵着母亲的手，我二哥牵着我妹妹的手。为省钱，没请引导者帮扶，但紧跟在帮扶者带领其他家庭之后，因帮扶者知道水域深浅路线。我母亲是小脚女人，封建社会农村妇女包脚，当走到深水到腋下时，母亲头晕依在我身上，我咬牙抵抗水流冲击，努力支撑母亲数十步到浅水区，没被冲入渤海，救命了。我说不准，这是既济卦过河，还是未济卦过河，若这是"既济"过河，还要到《周易》最后一卦"未济"去过河。感叹人生凄凉悲苦，何日走到尽头，不再过河。小时候，大家说我是"小大人"，这时候我似乎少年老成，以《周易》感叹人生！

到达北平，我方知是国民党统治地区，物价飞涨，哥哥打工赚的钱，须及时购买粮食，否则贬值，又陷入"否"的日子。后来哥哥赚月薪，薪金是给粮食，也难糊口。1949年北平和平解放，解放军从德胜门入城，百姓敲锣打鼓欢迎，报纸上说这是翻天覆地的变化。我联想起《周易》八卦的乾卦为天，坤卦为地。若把否卦的乾上坤下颠倒过来，就是翻天覆地，成为坤上乾下的泰卦，"否尽泰来"，国泰民安。扭转乾坤如此而来。北平改名为北京。

我在北京上高中时，语文课的程老师是易学专家，有相关著作。有一次出的作文题是："学生要自强"。我简述学《周易》的艰苦经过和毅力，文末用乾卦的"天行健，君子以自强不息"结束。老师用红笔批语："《周易》是国学，能影响人生，要坚持下去，有问题找我共同探讨。"下午要回家时，我到教员休息室去见程老师，他问我什么时候学的《周易》，我叙述一遍，我又逞能显摆自己能背诵，好像我能背诵《周易》是我的名片。老师耐心听完我的背诵，惊喜地夸奖我，问我如何解读《周易》乾坤首二卦和末二卦的既济、未济卦。我说完后，他说了和我不同的理解，是另一种解读，开阔我的视野。他让我有问题给他写个纸条，上下课空闲时间递给他，他说共同讨论、答复我。有一次我递给他的纸条上写："程老师，您批我作文写《周易》能影响人生，为什么？"老师回答很简练："人世间有多少事物，《周易》就有多少卦，要吸取智慧去应对。"我又遇到伯乐了。我感激程老师对我的指导，在中午下课回家吃饭时，因外边下雨，程老师没带雨衣，我就把雨衣给他说："您穿这雨衣，我带午饭中午不回家。"程老师穿雨衣骑单车走了。事实上我没带午饭，也骑单车冒雨回家吃饭，到家全身往下流雨水，好像掉进河里刚爬上岸。我因此感冒在家不能上学而请假，程老师获知此事，给我写纸条幽默地说："……你用心良苦借给我雨衣，我安全地度过《周易》需卦里的'入穴'回到家，你却像小狐狸似的在既济卦渡河爬上岸，非常抱歉。你爬上岸，须警惕风云突变。"

三

果然风云突变。20世纪60年代"文革"扫"四旧"，把我珍藏数十年的《周易》书烧成灰烬，我彻夜不眠。幸而我把学《周易》的笔记放在另一处，得以幸免。

除《周易》外，我还酷爱数学。在"文革"时期，我协助数学家华罗庚教授工作时，他外出讲课，因他是跛子拄着拐杖，走路左右摇摆，我替他拿提包。别人问他，他说我是他秘书。在闲暇聊天时，他知道我喜爱《周易》，他透过带圈的厚眼镜片，注视我说，《周易》影响面很广泛，其中与数学有关联。他说洛书1至9的九个数字，可以布置为三行三列魔方矩阵，成为"九宫图"，各行、各列、各个对角线的数字相加都等于15，有奇妙的性质，据此可画出八卦图的八个方位。八卦图中两个卦叠加，可以排列组合成《周易》六十四卦。这时我面对华老像开玩笑地问："您和我师母是按照八卦布局恰好生育三男三女一家八口人居八卦八个位置吗？"华老听后捧腹大笑。他改话题说，明朝末年西方传教士把科学带到中国，回国时把《周易》带到国外，翻译成外文出版。17世纪德国数学家莱布尼茨看到外文的《周易》，受到阴阳符号的启发，把阳爻"—"视为数字"1"，把阴爻"- -"视为数字"0"，据此创造出二进制数学。这是电子计算机的数学模型，电子计算机是世界科技史上的里程碑。华老激动地说，我们的老祖先真了不起，远在数千年前，创造了阴阳符号，形成了二进制数学，从而有了计算机。他又进一步说，丹麦物理学家波尔，把二进制数学发展到"波尔代数"。后人又深入探讨，出版了《易卦与代数之定律》等书。华老说哲学家冯友兰说："《易经》是宇宙的代数学。"华老喜欢吸中南海牌香烟，在思考问题时香烟缭绕，有时在工作或在讨论上述知识时，也是香烟不断，腾云驾雾。我饱受香烟的熏陶，别人说我衣服上有烟味。又饱受易学知识的熏陶。在"文革"时期，华老基本在家办公，不常去科学院数学所。有一次外出归来临近家时，苏联吉姆牌的车出现小故障，司机于师傅让华老和我下车走回去。正值春雨蒙蒙，我给华老撑伞，因他是跛子走路不稳，雨地滑，我让他注意脚下别滑倒，他突然幽默地说《周易》履卦爻辞："眇能视，跛能履，咥人，凶。"他解释说："独眼能看见，但看不清；瘸子能走路，但走不稳，就像踩着老虎尾巴，被咬伤，有凶险。"我问这风险是红卫兵打砸抢吗？华老不语，却会心地笑了。他拄着拐杖左右摇晃，把我挤在伞边，雨伞流下的水珠滴洗我全身。因我聆听华老讲《周易》，并未感觉雨淋。这细雨洒满大地，润物无声，会滋生出新时代的乾坤。

四

20世纪70年代末，邓小平同志执政，改革开放的春风吹遍乾坤。国家大力提倡把经济搞上去，提高人民的生活水平。国营企业和民营企业齐上阵，不论是白猫黑猫，抓住老鼠的就是好猫。为了宣传邓小平同志的倡议，南昌市一座桥头两旁，分别树立一只白猫和一只黑猫，这是《周易》哲理的阴阳论。"一阴一阳之谓道"，阴阳也是二分法，任何事物都可以一分为二，合二为一。这时期《周易》书籍不仅抬头，好像由乾卦的"潜龙勿用"升到"见龙在田"，而且井喷到"飞龙在天"，延续多年。《周易》应用面很广泛。华罗庚教授对我讲过："凡是从实践中提炼出来的理论，越是抽象，其应用面越广泛。"《周易》已涉及社会科学和自然科学。例如：哲学、史学、文学、政治、伦理、军事、中医、武术、美学、民俗、堪舆，甚至天文、历法、数学等领域。我的书架上仅取下列书作为例子：管理易的著作有《周易与现代管理科学》《〈周易〉与现代经济科学》等；医学易的著作有《医易通论》《易学与中医》等；有关美学易的著作有《〈周易〉的美学智慧》《周易美学》等；文学易的著作有《中华易文化传统丛书》等；科学易的著作有《易经与科学》等。尤其是科学易更吸引眼球。2009年中央电视台《百家讲坛》播讲《易经的奥妙》说："科学越发达，易经越正确、越科学。"让《周易》告诉未来。中国紫金山天文台发射"悟空"卫星，去探测宇宙暗物质，若果真存在，《周易》的预测性和科学性更得到验证，把阴阳面更扩大了，看得见的物质属阳性，看不见的暗物质属阴性。《周易》本身含有深奥哲理和玄理，待后人去挖掘、感悟和验证。研究《周易》称为易学，如同研究《红楼梦》称为红学。应该指出，易学是个大舞台，有一些与《周易》无关联，也在该舞台上"表演"，往《周易》身上泼脏水，这使有些人不明真相，说《周易》是迷信。我有位温州朋友对我说，她是基督教徒，不看《周易》书，她把《周易》书视为邪教书或占卜书。《周易》是穿着占卜外衣诞生的，但解开外衣内涵丰富的智慧和哲理，是埋藏很深的金矿，待后人去挖掘。孔子晚年便如此。孔子晚年学《易》不占《易》，孔子说："不占而已矣。"荀子说："善为易者不占。"现在已无人手拿五十根箸草左右手倒来倒去做占卜，若有也是在做游戏。孔子学《易经》挖"金矿"写出《易传》即"十翼"。翼是鸟的翅膀，使《易经》插翅飞翔到哲学高度层次，成为东方哲学智慧书。

《周易》的"易"有多种解读，通常说"易"字是古代的蜥蜴的"蜴"，是古代爬行动物"变色龙"，为保护自己，身体颜色随环境变化而变。因此古今不同时代，赋予《周易》不同的生命力。孔子用《易传》解读《易经》，获得普遍的认同。因此，历代易学者大都把"经""传"二者混在一起，许多书经传不分，沿袭至今。有人说《易经》加《易传》构成《周易》，更多人不严格区分说《易经》即《周易》，原始就叫《周易古经》。由于《易传》给《周易》定了调，给后人树立了标杆，凡是引入《易传》的书籍，没有与《易传》唱反调，大都顺着标杆往上爬，爬得再高也不会超过标杆，这是纵向。横向是沿着《易传》铺好的轨道前行，不会出轨。这纵向和横向都有局限性。因此，有的读者说有些《周易》书内容，人云亦云，雷同。好像《易传》是一张大网，凡是钻进去的，个人发挥的空间都在网内，许多内容与现实环境和生活不贴近，有相当大的距离。因为《易传》成书是在战国中晚期，距《周易》古经六七百年，时代不同，《易传》加入《周易》所没有的许多文化思想和内涵，顺应那个时代的需要。我想写新时代解读《周易》的书，要有创新，实践证明是可行的。因为《周易》抽象的阴阳符号和极简练的古字词，又无标点符号断句，有的字多音多意，使后人难读懂，成为天书，充满先天的神秘性、抽象性和模糊不确定性，给后人留下了丰富的想象余地和广阔的思维空间。历代易学者各抒己见，对某些问题争论不休，至今没有定论。就像考试题留的填空，却没有标准答案；又像只树立起框架，让后人充实内容，这是《周易》基因造成的。我历经几位老师的教导，也证明如此。张说李说，公说婆说，众说纷纭，人人都有话语权，百花齐放，这形成了我要写的《周易演义》（这是我定义命名的）。

带着这个思路，在20世纪90年代，我从大学教授职位退休后，被美国、韩国、印度尼西亚、泰国、越南和日本等国当地华人团体邀请去讲《周易演义》及易学应用。那时是草稿讲义，是几位老师传授的和我的心得，所到之地众人给予好评，并鼓励我出版成书。我想丰富该讲义再出版，我要博览易学群书，收集众种解读《周易》的书。

我去首都图书馆（下称首图），该馆易学书籍非常丰富，拥挤在多个书架上，我依次取阅，带中午饭整日翻阅，若借书回家数日便还，风雨无阻，从春到秋，把重点易学书全阅完。又去国家图书馆，该馆易学书比首图更多、更丰富。进入馆需安检，不许带饮食，中午要在馆外饭店用餐。若外借书仅限三本，比首图少一倍。因路远，早出晚归，饱览与首图不重复的易学书，花费寒冷的冬季才阅完。我在北京这两个大图书馆，在易学书籍的海洋里浏览，度过了春夏秋冬，好像经历乾卦的"元亨利贞"，收集了丰富的易学资料，加上我多年学《周易》的积累，我开始写《周易演义》，副书名是"新时代解读周易"。

书中把我解读《周易》写在前作为"砖"。又选录多种不同的典型解读作为"玉"，甚至不同的解读相互唱反调，扩大读者的视野。从未有此类书，是创新。书中把《周易》首二卦即乾坤卦，解读为国家的领空领土。《周易》唯有乾坤二卦各七爻，其余各卦皆六爻。乾坤二卦第七爻只有爻辞，没有爻位（置），数千年未找到其位置。我解读乾卦为国家领空时，第七爻位便是公用的太空。解读坤卦为国家领土时，第七爻位便是公用的北极，恰好符合爻辞，要和平利用。此观点也是创新。

写作中途，我的腿像触电似的刺痛不能行走，对医生说没做体力活，仅看书写作，医生看核磁共振片子说："久坐伤腰，腰椎滑脱，压迫神经传到腿。"我瘫痪在床，继续写作。2016 年 1 月出版，获得读者的肯定，很快传到台湾地区。

五

据台湾地区易友说，台湾地区易学书籍众多、汗牛充栋、泛滥，饱和状态，出版此类书难销售。但是，台湾大元书局负责人翻阅《周易演义》，认为新颖创新独特，颇感兴趣，办完在台湾再版的程序，改用繁体字在台湾再版，获得好评，引起台湾地区读者的共鸣。海内外的读者通过多种渠道，呼吁年迈的我继续发挥余热。因此，我更新内容，写了姊妹篇《周易演义续集》。完稿后，我请易学友人提意见，友人阅后仅写六个字："有学识有胆识"。这可能指该书有三方面的创新特点。

其一是，把古今不同解读《周易》的观点选编在一起，百家争鸣，百花齐放。构成《周易》百家讲坛，阅该书即博览群书。

其二是，该书突破常规，使《周易》适应新时代的需要，古为今用，如解读《周易》领航的乾坤首二卦，是象征国家的领空领土，从中找到了第七爻位是太空和北极。

其三是，独特地解读末二卦既济、未济卦。既济卦的"既"是已经，"济"是过河，既济是已经过河，到达彼岸，人生终点，夕阳西下，在阳间归宿。但紧接着是未济卦，"未济"是尚未过河，又轮回循环到原点、起点，在另一个世界里（阴间）去过河，深层次隐含生死轮回、善恶报应因果律。俗话说："善有善报，恶有恶报，不是不报，时候未到。"这"未到"就是未济卦，在未济卦得到报应。《周易》具有多元化的价值观，其中之一是道德观。既要以法治国，又要以德治国。法律约束人的行为，道德约束人的心，心动才去行动。末二卦隐含规劝人行善积德，与乾坤首二卦首尾呼应。乾卦是"自强不息"为人民创造财富，是积德；坤卦是"厚德载物"，积德才能"厚德"，"厚德"才能载物。末二卦深层次蕴意给人类敲响道德警钟，立德树人，具有现世意义。

上述三方面的创新也是"演义"，创新就不符合传统。不讲传统没有根，不讲演义没有魂，该书二者兼备，古为今用，开辟一条新思路。鲁迅先生说世界上本无路，走的人多了便成了路。该书又引起台湾大元书局格外关注，很快改用繁体字在台湾再版。这反映中华传统文化，台湾同胞还是欢迎需要的。折射出"台独"分子搞"去中国化"，删减教科书中的中华古文，搞"文化台独"，这一切是不得民心的，《周易演义》及其续集姊妹篇相继在台湾再版，就是例证。中华传统文化，是海峡两岸中华民族的魂。

台湾民间组织成立"海峡两岸暨亚太地区周易交流协会"，召开大会时，邀请大陆有关人士参加，我被邀请作为贵宾参加。到达台湾桃园机场，大会派车接送到会场报到，分到指定房间。不料晚间突然有人敲门，参会的人拿我在台湾再版的书，让我签字，谈论书里的内容，夹杂些夸奖我的话。我送走客人，推开窗户，外面正下着丝丝细雨，透过雨水已是万家灯火。这雨水使我浮想联翩：我幼年时父亲在灯下教我《周易》，窗外雨水湿透窗纸；有一次夜晚我到小学老师屋里学《周易》，归途突降大雨，乱石刺破我的脚，流血不止；中学放学时，我把雨衣让给教我《周易》的老师穿回家，我冒雨回家湿透全身；我陪同华罗庚工作归途中车坏，我给他高举雨伞，他在雨中跋行，触景生情讲《周易》履卦六三爻……若能把经历的这些雨水，挑选些大雨珠穿成一串晶莹透明的项链，我要献给《周易》，给《周易》戴上。我在冥想中进入梦乡。次日我在大会发言题目是"国学《周易》的影响力"。我简要地讲了本文所写的经历，全场响起掌声。我认为这掌声不是给我个人的，而是炎黄子孙给《周易》作者炎黄祖先的。因为炎黄祖先把《周易》留给炎黄子孙，两岸都是炎黄子孙一家亲，文化、血脉同根。我发言后，主持会议的台湾易学专家黄来镒会长总结说："听了八十五岁的纪老发言，《周易》伴他一生，他在国内外传播《周易》，令人联想到，世界上有阳光的地方就有华人，有华人的地方就有《周易》文化。"

引用文献目录

（1）王弼：《周易注》，上海古籍出版社，1990。

（2）孔颖达：《周易正义》，上海出版社，1990。

（3）朱熹：《周易本义》，上海古籍出版社，1990。

（4）程颐：《伊川易传》，上海古籍出版社，1990。

（5）李鼎祚：《易学精华》，齐鲁书社，1990。

（6）李光地：《周易折中》，九州出版社，2002。

（7）来知德：《周易集注》，上海书店，1986。

（8）高亨：《周易古经今注》，中华书局，1984。

（9）余敦康：《易学今昔》，广西师范大学出版社，2005。

（10）唐明邦：《周易》，长江文艺出版社，2015。

（11）金景芳：《周易全解》，吉林大学出版社，2013。

（12）南怀瑾：《周易杂说》，复旦大学出版社，2018。

（13）纪有奎：《周易演义》，华龄出版社，2016。

（14）纪有奎：《周易演义续集》，华龄出版社，2017。

（15）王政挺：《随易趣谈录》，东方出版社，2012。

（16）王政挺：《易经的故事》，中国友谊出版社，2010。

（17）周山：《读易随笔》，海豚出版社，2013。

（18）丘亮辉：《国际易学研究》，中国书籍出版社，2012。

（19）欧阳维诚：《思维模式视野下的易学》，华南理工大学出版社，2017。

（20）郭彧：《推天道明人事》，中国青年出版社，2016。

（21）朱伯崑：《周易知识通览》，中央编译出版社，2019。

（22）杨力：《易经哲学大智慧》，华夏出版社，2015。

（23）何少奇：《神圣之三学易·道·医》，中国中医药出版社，2017。

（24）张其成：《管理大智慧》，当代世界出版社，2009。

（25）邵乃读：《正本清源说易经》，世界知识出版社，2015。